Rich致富332

理財零基礎

靠39個金錢思維打造富腦袋，加速財務自由

田口智隆——著
黃瓊仙——譯

高寶書版集團

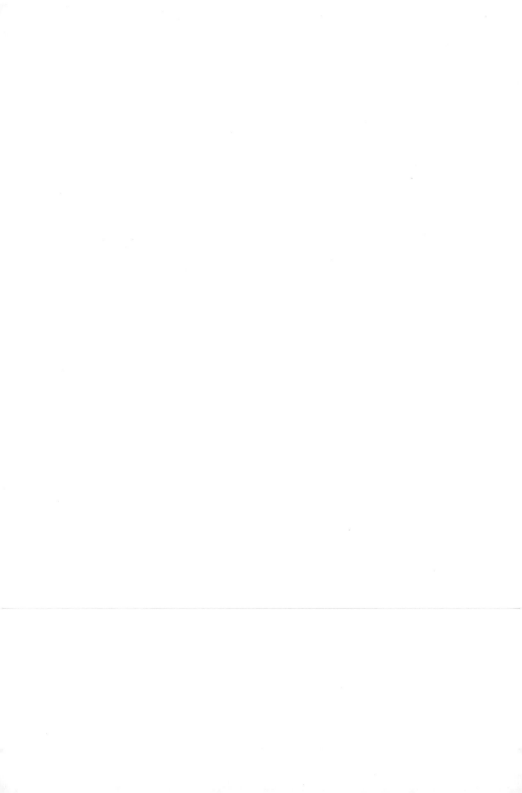

序

「即使有夢想，也不見得能實現。」
「想改變自己的未來，談何容易。」

你是否也這麼想呢？
儘管對現況不滿，卻還是提不起勁改變，每天怨天尤人嗎？
如果你是這種人，希望你看了本書後，可以擺脫以上的錯誤想法。
想擁有「理想的未來」，其實非常簡單。

假設你的夢想是「環遊世界」。然而，現實生活中的你卻置身於與夢想完全相反的處境。

每天早上擠著人滿為患的公車，到超想辭職的公司上班。還要對著老愛擺架子的無能上司陪笑，處理永遠沒完沒了的工作。

因為裁員的關係，儘管獎金變少了，工作量卻與日俱增。

「這樣的生活到底要持續到什麼時候啊？」想到傷心處不禁淚眼婆娑……

即使生活如此困苦，你還是可以靠自己的雙手改變現況，擁有「夢想中的美好未來」。而且，方法很簡單。

改變人生的第一步，就從改變「想法」開始。

想法改變了，自然「行為」也會跟著改變。行為改變，「習慣」也會改變，日積月累下來，「未來」就改變了。

改變人生的步驟宛若一條環環相扣的骨牌線。

在改變人生的過程中，有件東西絕對不能無視於它的存在，那就是「錢」。

如果你「不曉得自己未來的藍圖是什麼樣子」，第一件該做的事就是檢視你對「金錢」的看法。

你之所以覺得生活不自由，是因為「錢」束縛了你。為了賺取生活費，只好從事不喜歡的工作。為了糊口，只好向不喜歡的人鞠躬作揖，每天都好像生活在壓力鍋裡。

當你從「財務壓力」解放的那一天，也就等於是擁有理想的生活。

「錢雖然不是萬能，但沒錢卻是萬萬不能。」

這是實際歷經大起大落的我深信不疑的道理。

當你打從心底覺得自己找到「未來夢想」時，促使夢想實現的最佳利器不外乎就是「金錢」。就算你的夢想多麼遠大美好，如果沒有可以讓你安心衝鋒陷陣的武器，一切都是空談。

不過，並不是要求你一定要成為大富翁。

近乎虐待式的存錢方法，一樣會讓你的日子過得綁手綁腳。

可是，若能不覺日子過得委屈，也不必擔心房貸、伙食費、交際費、老年退休金，那會是多麼美妙的人生啊！

因此，即使是對「錢」不感興趣的人，也希望能翻閱本書，瞭解何謂「存不了錢的壞習慣」。更希望能夠因此改變你的「想法」「行為」「習慣」，擁有夢想的「美好未來」。

現在的我可以把話說得如此冠冕堂皇，但十年前的我其實是個窮光蛋，過著零存款、舉債度日的悲慘生活。

皮夾因為塞滿信用卡而變得鼓鼓的，不斷預借現金才得以勉強維持生計。為了喝酒、抽菸、賭博而借錢，當時的我就是標準的爛男人。

後來我頓悟了，「想法」「行為」「習慣」全盤改變，短短七年時間就達成了「財務獨立」（Financial Independence）的目標。不再被錢束縛，可以做自己想做的事。

我現在透過演講，有機會接觸全國各地的人。雖然稱不上是大富豪，但「金錢」方面相當自由。我完全體會到「自由」的真義。現在的生活相當完美，衷心感到滿足。

如果你覺得我的語氣很自傲，在此說聲抱歉。可是，我誠心希望每個人都能感受到「未來夢想」達成時的那份成就感。

為了那個目標，為了各位，我決定撰寫此書。

這本書蒐集了我在全國各地演講時，所遇到那些擁有「存不了錢的窮忙習慣」的人的故事。

當然，也有許多是曾經負債累累的我自身的經驗談。

該如何徹底斷絕「存不了錢的壞習慣」，如何改變「想法」「行為」「習慣」，擁有「財富自由」的生活呢？我將以簡單淺顯的方式傳授祕訣。書中網羅了許多讓人看了會心一笑的故事，保證你會有心有戚戚焉的感受。

如果本書能讓你不再為錢所苦，創造「美好未來」，將是我無上的喜悅。

那麼，從今天起勇敢跨出「不被金錢束縛」的快樂生活第一步吧！

田口智隆

CONTENTS

第3章 存不了錢的口頭禪

第4章 會拖垮你的生活型態

第5章 需要整頓的人際關係

第7章 財務管理的關鍵

第 1 章

什麼想法
會存不到錢？

01 告訴自己「當下快樂就好」

喝酒聚會從不缺席，
刷卡購物毫不眨眼，
薪資明細看過匯入金額就丟，
埋怨薪水不漲存不了錢的你，檢討過自己花錢的方式嗎？

天天都在「即時行樂」，未來岌岌可危

晚上九點——。
「田口老師，辛苦了～。明天見！」
「嗯，明天見喔！」

補習班的課結束了，學生們陸續離開教室，準備返家。

這位田口智隆老師（當時二十三歲）重考兩年，才考上大學，卻只念了一年半便休學，進入補教界，當上夢寐許久的補習班講師，他非常滿意目前的生活。

田口老師的上班時間是下午兩點至晚上十點，補習班講師的工作並不輕鬆，但是看到學生們每天都在進步，就覺得很欣慰。而且，每個月薪水有五十萬日圓，相當不錯。不，應該說每個月能賺到五十萬圓的二十八歲年輕人並不多吧！

每次只要想起這件事，田口老師就會高興到得意忘形。

「嗨，今天也去喝一杯吧！」

「遵命，田口老師！今天也是田口老師請客喲！」

「沒問題！」

下課後，帶著五、六位補習班的後輩講師們去喝酒，已經成為田口老師每天的必備行程。

而且，不是只喝一攤就結束了。喝完了這家再到別家，喝了好幾間居酒屋後，再到酒店尋歡，最後還要吃一碗拉麵，這一天的「惡習行程」才算結束。

雖然當時全日本經濟蕭條，處於「失落的十年」時期，但是只有田口老師活在「一個人的泡沫經濟時代」。一夜揮霍個十萬圓也在所不惜。雖然月收入高達五十萬圓，但總是右手進左手出，沒留下半毛錢。

「各位，今天也盡情暢飲吧！」

我會用信用卡簽帳。這個月戶頭又會被扣多少錢呢？反正我已經在用循環利息繳款了。到底借了多錢？該還多少錢？我完全搞不清楚啦……。**算了！人生就是要及時行樂！**

「反正我有十張信用卡，只要用信用卡借點現金繳帳單，這個月就可以捱過去了。而且，再過沒多久又可以領到獎金。」

田口老師這樣告訴自己，今天也跟往常一樣，又是肆無忌憚地狂飲作樂……

有債務更要確實掌握每分錢

說來慚愧，上述故事的主角就是我本人，那是我二十八歲時所發生的事。

首先，請大家想想我哪裡做錯了？不該上酒店？還是不該使用信用卡借現金？

這些事當然都不值得鼓勵，**然而最糟糕的是我完全沒有危機意識，老是告訴自己**

「算了吧！人生要及時行樂！」。

只要當下開心，那個月能捱過就告訴自己「算了吧！」不去多想，這樣就算花一輩子也存不了錢。

事實上，我就是因為這樣的思考模式，才讓自己債務纏身。

當時的我明明債務累累，為什麼還是沒有絲毫的危機感呢？

因為我完全不清楚自己到底欠了多錢，才會把自己搞到這番田地。

每個月只要到了信用卡繳款日前夕，我就開始忙著使用信用卡到處預借現金，來支付信用卡帳單。我每個月都在追錢，但因為「算了吧！」的敷衍心態，讓我對自己的問題視而不見。

每天的喝酒聚會實在太快樂逍遙，讓我一直無法面對眼前的「龐大債務」。

這樣的情況最常發生在購物狂身上。

在現代，人們確實可以透過信用卡拚命購物。只要使用信用卡預借現金，就有鈔票可花。至於麻煩的付款問題，錢先花了再說吧！

「人生苦短，及時行樂就對了！」

就是這樣的觀念害死人。反正信用卡會幫你製造鈔票。

可是，你花的畢竟是別人的錢，而且是一定要還的錢。然而，因為大家都忘了這個道理，所以愈借愈多，讓自己債務纏身。

老對自己說「算了吧！」，一味在花錢的人，請馬上檢視你的信用卡消費明細。

在你擺脫「算了吧！」的敷衍觀念那一刻，你一定可以發現自己過去做了多麼多的浪費行為。

薪資條的扣款金額，與你的將來息息相關

慶幸自己沒有債務的人，也請重新檢視「薪資明細表」。

當你拿到薪資明細表時，不要只是確認匯入金額，然後就將明細表揉成一團，丟進垃圾桶裡。「勞保費」或「健保費」等的扣款金額是多少，也要確認一下。

這些項目的扣款是對你未來生活的「投資」，如果不瞭解目前的投資情況，根本無法為你的將來勾勒藍圖。

你是為了什麼目的，以何種方式被扣款呢？還有，在哪種情況下，現在被扣款的金額可以歸還到你手上？

關於這些事項，請務必詳細確認及瞭解。當然，你也要知道納稅額是多少。

公司的薪資明細表除了基本薪資外，還會有其他各種「名目」的津貼、補助或獎

金。關於這些名目的由來及計算方式，你都必須全盤瞭解。

如此一來，就可以知道適合自己現在的「真正生活水平」為何。牢記這些事情，你再也不會老是想著「算了吧！」，而傻傻地一直當散財童子。

首先，就從審視現況，隨時保持危機意識開始，改掉你的壞習慣吧！

眼中只有當下的人，不可能擁有自由的未來。

02 覺得「總有一天會變成有錢人」

「希望總有一天會講英語……」

「希望總有一天能當上課長……」

「希望總有一天能成為有錢人……」

擁有這般天真的決心，就可以讓願望成真嗎？

不行動的話，「那一天」永遠不會降臨！

「希望總有一天會變成有錢人……」

這麼說似乎有點殘酷，有這種想法的人實在可悲，他們永遠存不了錢。因為永遠不會實現的願望，成真的機率幾乎等於零。

人類本來就是「喜愛享樂、耽於逸樂」的可憐生物。所以，「那一天」永遠不會到來。

「希望總有一天會講英語……」

「希望總有一天能當上課長……」

「希望總有一天能成為有錢人……」

（擁有這般天真的決心，就可以讓願望成真嗎？除非魔法師現身答應你的願望，否則根本不可能美夢成真。）

只想借助別人的力量讓自己擁有好運，天底下根本沒有這樣的好事。

或許你會想反駁，但是請想想看。

與其終日與英文單字為伍，跟美女或帥哥一起去飲酒作樂，反而更快樂吧？

為了成為課長，每天賣命工作，倒不如死守下屬的職位，每天準時下班，日子過得還比較輕鬆愉快吧？

為了存錢過禁欲節儉的生活，還不如想買什麼就放手去買，心情還比較暢快。

覺得如何？你能抵擋得了這些誘惑嗎？

天生意志堅定的人當然可以不為所動，但是多數人都屬於享樂主義者，他會告訴自己「總有一天我一定可以……」，然後沉迷於眼前的快樂。

為夢想設定「到期日」才會實現

如果不希望再虛度光陰，只有一個方法。

那就是為你的夢想設定「到期日」。

不要每天做白日夢，告訴自己「總有一天會變有錢」。而是要有具體計畫與目標，告訴自己「什麼時候要存多少錢」。

以我為例，二十幾歲時的我不懂規劃人生，導致負債像滾雪球般日益壯大。後來情況嚴重到光靠信用卡預借現金也無力償債，落到只好向銀行信用貸款的地步。

「再這樣下去會死人的！我已經越線了！」

我終於覺悟了。於是我設定具體目標，要求自己必須在限期內完成以下的事。

- 目標到期日：三年以內
- 具體目標：償清百萬圓的負債

當下我還發誓，這個目標達成後，馬上執行新目標。以下是我的第二個目標。

- 到期日：四十歲生日之前
- 具體目標：收入多於支出，有多餘存款的快樂生活

當你在設定目標時，別忘了一定要做一件事。那就是**想像目標達成時，將有多麼美好的未來在等著你。**

當時我希望自己可以「一邊寫書，一邊到全國各地演講」，所以我很認真地想像了那樣的場景。

想像自己站在講台上，在擠滿會場的觀眾面前演講。

還想像在自己寫的書上簽名，親手交給每位讀者。

我拚命想像著這樣的光景。也許有人會吐槽「田口智隆，你怎麼那麼自戀？」，但當時我真的從這些夢想，獲得了極大的鼓勵……

其實當時我還是個負債累累的年輕小伙子，這樣的夢想或許有點好高騖遠。可是，現在回想起來，當時的夢想全都實現了。

在你清楚勾勒未來夢想的那一刻，你已經開始朝夢想邁進了。

我不像「投資之神」華倫．巴菲特（Warren Buffet）那樣，是位天生的投資高手。也不是運氣好到可以中三億樂透獎金的幸運兒。

我只是一個極為普通的男人，不，應該說是命運有點悲慘的一般男人。

這樣的我也敢勾勒未來夢想，而且實現了夢想。
所以，你一定要對自己有信心。
人只要明白這個道理，就會充滿衝勁。
當你為夢想設定「到期日」，具體勾勒未來藍圖之際，你會變得像鼻尖掛著紅蘿蔔的馬，為了吃到眼前的紅蘿蔔而拚命往前跑，內心湧現強烈的鬥志。
希望在「何時」擁有「多少存款」？這筆存款的用途為何？現在馬上具體地記錄下來吧！
不論如何，絕對不能再將「我總有一天會……」的草率口頭禪掛嘴邊了！

唯有為夢想設定一個期限，實現的那一天才會到來。

03 覺得「會賺錢不是好事」

「一個人太有錢，並非好事。」
「這個世界上比錢還重要的東西太多了。」
「愛錢是件丟臉的事。」
對賺錢感到罪惡，等於在宣布「我很窮。不在乎沒有存款」。

認定「有錢人＝壞人」的人存不了錢

前面提過，在我當補習班講師的時候，每個月的薪水是五十萬圓。

我大學重考兩次，好不容易考上某大學卻中途休學，拚了命進入補教界，終於圓了多年的夢，成為補習班講師。這份夢寐以求的工作讓我每個月領到五十萬圓的薪資。

當時我才二十一歲，當然志得意滿，氣勢淩人。相較於其他同年紀的人，可以算是高薪族。

當時，我很期待身邊人可以這樣評論我：

「田口，你工作能力真強呢！」

「我啊，決定以田口為目標努力不懈。」

「田口先生，你好厲害，請跟我交往！」

雖然內心渴望能獲得這樣的評價，事實卻是完全相反。

「田口那小子全身上下都是名牌，該不會是從事不法勾當，賺黑心錢吧？」

「出手那麼闊綽，年紀輕輕就有錢並不是好事。」

奇怪，怎會這樣？大家怎麼會是這樣的反應？我可是非常熱愛這份工作，天天賣命地教學呢……

打擊實在太大了。然後，我也察覺到一件事。

許多日本人在不知不覺間被灌輸了這樣的觀念：「賺很多錢的人＝極惡之人」。

賺很多錢的人，一定從事某種不法勾當。

有錢人絕對是不知民間疾苦的大壞人。

像這樣無憑無據的荒唐想法已經深植我們的心中。甚至讓我們對賺錢這件事懷抱著罪惡感。

說得更明白一點，**認為「有錢人＝壞人」的人根本就是所謂的窮光蛋。每天過著捉襟見肘的生活。**

我說的沒錯吧？

有錢的人絕對不會說「有錢人是壞人」。

對賺錢感到罪惡感，等於在向大家宣布「我很窮。沒有存款也沒關係哦」。

如果你有這樣的念頭，恐怕終其一生都無法存到半毛錢。

富人當中當然也有作姦犯科的人。同樣的，並非窮人就不會做犯法的事，我說的對不對？

不論有錢沒錢，一群人當中一定有做壞事的人。

因為這就是人性。這世上有好人，也有壞人。人有好壞之分，跟有錢與否毫無關係。

如果你也跟多數日本人一樣，認為「賺很多錢的人＝做了許多壞事的人」，希望你現在就丟掉這樣的錯誤觀念，重新輸入新的觀念。

「賺很多錢的人＝對社會多所貢獻的人」

這個觀念將扭轉你一直以來堅信的價值觀。至少在歐美地區，擁有上述觀念的人非常多。

錢愈多，愈能讓更多人擁有幸福

日本的教育方式與歐美地區不同，學生能在學校學得與金錢或經濟相關知識的機會少得可憐，所以日本人才會對賺錢這件事抱持罪惡感。

因此，**你現在的金錢價值觀其實就是從小雙親教給你的道德觀。**

「一個人太有錢，並非好事。」

「這個世界上比錢還重要的東西太多了。」

「愛錢是件丟臉的事。」

這些價值觀其實都是人們刻意塑造的假象，毫無根據可言。堪稱是「都市傳說」之類的怪誕說法。

在歐美地區，每個人從小就有系統地學習金錢的功能。

「金錢就是讓對方擁有幸福的對價。」

「錢賺越多，就可以讓更多人擁有幸福。」

我絕對不是歐美至上主義者，但我大力贊成以積極的想法看待金錢。其實，這正是資本主義運作的基本觀念。

請各位再想像一下。

你每天努力工作的同時，是不是也間接或直接地幫助了別人？是否多少也對這個社會有所貢獻？

而且，就算很微小，是不是也為別人創造了幸福？

在百貨公司任職的人，正在為眾多顧客創造幸福。

如果是體育用品製造商的員工，等於在為眾多熱愛運動的人們創造幸福。

若是在外食產業工作的人，等於滿足了許多想品嚐美食的家庭的心願。

因為創造了幸福，所以值得收取同等對價的金錢。**為他人創造愈多的幸福，當然就可以得到愈隆重的報酬。**

比方說，陸續推出 iPhone 及 iPad 等熱銷商品的蘋果電腦公司執行長賈伯斯（Steve Jobs）就是這樣的人。

據說賈伯斯的總資產為六十一億美元，在《富比士》雜誌發表的〈二〇一〇年全球億萬富豪排行榜〉（The Forbes World's Billionaires 2010）中，賈伯斯排名第四十二。

賈伯斯本人從蘋果電腦公司領到的薪水只有「年薪一美元」，這件事被蔚為美談。可是，他本人持有許多蘋果電腦公司和華特迪士尼公司的股票。只要這兩家公司業績長紅，賈伯斯的個人資產也會快速增加。

賈伯斯對全球人士的影響力，以及他為世人創造幸福這件事，絕對是無庸置疑。因為有許多人超迷 iPhone 或 iPad，宛若小孩子買到新玩具般，以雀躍的心情購買了這些商品。

這個例子完全符合「賺很多錢的人＝對社會多所貢獻的人」的概念。

從現在起請牢記這條公式，希望你能以更正面的態度看待「金錢」。

如此一來，你一定會積極賺錢。也會努力將賺來的錢存下來，致力增加財富。

錢會朝著對它們抱持正面觀感的人靠近。

04 只看財經類書籍就滿足

《有錢人從零開始的資產運用術》、《一生不會為錢所苦的金錢管理術》、《富爸爸、窮爸爸》……

讀過這些書的你，有沒有想過自己為什麼還是窮忙族？

「成功法則」不該被冷凍在書櫃裡！

其實最近我常像個老頭般感嘆：「最近二、三十歲年輕業務員都是勤勉努力的學習家。」

之所以感慨良多，是因為我在他們這個年紀的時候，過的是夜夜笙歌的日子。

相較於當時的我，最近的年輕人確實熱衷學習。尤其是近來流行的「朝活運動」，就是難得一見的優異活動。

可能有人沒聽過這個名詞，容我在此簡略說明。「朝活運動」是指每天早起，有效活用上班前寶貴上午時光的生活型態。

朝活族會透過「Twitter」或「mixi」等社群網站公布活動主題，對於該主題有興趣的人會聚集在咖啡店，邊吃早餐邊舉辦讀書會。或是邀請財經書籍的作者，召開「讀書會」。

我也常被邀請出席朝活族的讀書會。在眾多讀者的包圍下，度過許多充實時光。我所主辦的研習會也獲得許多讀者關照，出席人數很多，讀者的熱誠讓我深受感動。朝活族或研習會出席者中，不少人閱讀過各類財經書籍、勵志書籍或投資書籍。每次我與這些人交談後，都覺得獲益良多，視野也更寬廣了。真的打從心底感謝他們。可是——

每次出席這類活動時，總有件事讓我相當在意。

儘管有那麼多人看過財經書籍、勵志書籍、投資理財書籍，卻很少看到真正「起而行」的人。

講得更明白就是，即使看了好書，也熱心學習，還是有人「根本沒有獲得成長」。

如果我這麼說讓你不悅，在此致歉。

可是，如果有讀者感到當頭棒喝，心想「該不會是在說我吧？」，希望你現在馬上檢查一下自己的書櫃。

《有錢人從零開始的資產運用術》

《一生不會為錢所苦的金錢管理術》

《富爸爸、窮爸爸》

像這類隨處可見的同類型書籍，是否塞滿了你家的書櫃呢？

當你凝視著櫃上這些書籍的書背，腦海裡一定會浮現這樣的想法。

「原來我看過這麼多書啊！」

「可是，怎麼都沒存到錢？」

「看來，我還需要多加學習！」

於是翌日又買了相同類型的書。

（天啊！你不可以再繼續這樣了！）

閱覽群書這件事並非壞事，還是一件很棒的事。

只是，光讀書沒有付諸實行，就算看了一百年的書，你還是在原地踏步。老是想著

「我總有一天會成為有錢人」，卻沒有付諸實現的話，永遠無法擠進有錢人的行列。

值得參考的內容要馬上付諸實行

看到這裡，你有何想法？

書裡的內容，若有讓你認同的部分，一個也好，不妨「實行」看看。

現在是講求速度的時代，用不著逐字逐句地從「序」看到「結語」。先閱覽目錄，選出「對自己有益」的章節開始閱讀吧！

因此，就算你只找到一個「值得參考」的內容，也請當天就開始付諸實行。

一本書就算你只看了五頁，只要付諸實行就有價值。這麼做的你，遠比看完兩百頁，卻什麼都沒做的人，更能從書中獲得實質意義的幫助。

參加研習會也是同樣的道理。

不要聽完演講後，一切也跟著結束。當你聽到「值得參考」的內容，回家後馬上挑戰看看。

即使研習會才開始十分鐘，只要學到「有利資訊」，當場離席也無妨。其實我就曾經這麼做過。

在我「零存款的二十八歲」時期，也看了許多財經書籍，覺得每本書都寫得很棒。光是將書中情報「輸入」大腦裡就覺得滿足，卻從未想過要將這些情報「輸出」運用。相同類型的書不僅塞滿了書櫃，還將裝不下的書擺到床底下，因為太多了，根本無法整理。

望著那些堆積如山的書，我突然頓悟了。

「奇怪？我看了這麼多書，卻不見自己有任何改變？」

人類確實都是這麼想的，只要獲取新知滿足了求知欲，這樣就覺得非常滿足。然後，再去買新書閱讀。陷入只會滿足求知欲的可怕惡性循環。

可是，如果不將特地吸收的有利知識付諸實行，也只不過是「紙上談兵」罷了。再豐富的知識也會變成「腐朽的寶物」。

後來，我改變了心態與作法。不再只是輸入情報，規定自己一定要將所學到的情報輸出並執行。

看了書，實行書中所提的一項重點後，馬上把那本書賣到二手書店。這樣做的話，會不斷將書中所學到的知識付諸實行，讓自己很有成就感。

將書賣給二手書店可以賺錢，又能保持書櫃的整齊，真是一舉兩得。不對，應該是一舉三得或四得呢！

「閱讀書籍獲得知識↓付諸實行↓看過的書賣給二手書店」

喜歡閱讀財經書或勵志書籍的人，希望能確實執行這個流程。就算只付諸實行一件事，那本書也就發揮了閱讀的價值。

當然實行的事愈多愈好，絕對不要嫌多。重點就是千萬不要想太多，讓自己綁手綁腳。看過以後馬上實踐，這才是最重要的首要原則。

人吸收的知識愈多，愈容易變得只說不做。一旦如此，行動也會變得遲鈍。不對，會變成無法行動。

在提出各種藉口之前，先做了再說吧！

有錢人看書的數量不一定比人多，但實踐的一定比別人多。

第2章

時間管理
等於金錢管理

05「無薪加班」辛苦一輩子也沒錢

「比上司早下班會被盯，還是晚點下班好了。」
「我每天都最後離開公司，真是鞠躬盡瘁。」
你認真想過「算上免費加班的時間，真正的時薪有多少」嗎？

你曾經以「時薪」來換算薪資嗎？

拜日本經濟持續低迷之賜，公司也變得比較清閒。最近需要「加班」的上班族似乎變少了。另一方面也有人抱怨：「因為裁員、部門統合的關係，所有工作都落在我身上，累死了！」

在如此不景氣的時候，會付加班費的公司猶如天然寶石般珍貴，相當罕見。尤其是中小企業，應該不會支付員工加班費。

而且，你是否也逆來順受，無條件接受所有不合理的待遇？

「算了，現在這麼不景氣，這也是無可奈何的事。能有工作做，就該謝天謝地了。」

你今天是否又找了看似正當的理由安慰自己，再度拚命地加班呢？

其實——

當你無薪加班愈多，「財神爺」就離你愈來愈遠。

俗話說：「時間就是金錢」。這句話真是金玉良言。

尤其是年輕的時候，更要讓自己的「時間」和「智慧」發揮最大槓桿效用，為未來儲存「本金」。

本金就是投資所需的現金。如果沒有存到一定數目的本金，你的財富永遠不會增加。

可是啊，可是……

無薪加班根本是在浪費寶貴光陰，實在可惜！

像這樣做白工，辛苦一輩子也存不了錢！

因為你是公司聘請的職員，當然不能違抗公司的指示。可是，**你是否曾用「時薪」換算過自己的薪資呢？**

從未如此想過的人，請將你的薪資除以實際的工作時數，計算一下自己工作一小時的薪水究竟是多少。

假設你的月薪是三十萬圓。

工作時間是上午九點至下午六點，一共八個小時（午休一小時）。

每月工作天數設定為二十二天。加上每天加班三個小時，換算後你的時薪約為一千二百四十圓。

這樣的時薪高或低，其實見仁見智。可是，若跟深夜在連鎖家庭餐廳打工的工讀生相比，其實時薪差不多。

然而，你除了本分的工作，還要看上司或客戶的臉色，又要扛所有責任，簡直是在做牛做馬，拿到的卻是工讀生等級的時薪！

存不了錢的人沒有所謂的「時薪概念」。他完全不曉得自己一小時的工作能夠領多少錢。所以才可以不在乎，即使每天無薪加班也沒有怨言。

千萬不能讓無薪加班習慣化。如此一來不僅會麻痺了你的時薪概念，也會搞亂生活作息。

老是無薪加班，除了存不了錢，還會讓內心壓力日益累積。於是為了抒解壓力跑去喝酒或衝動購物、賭博，最後養成浪費金錢的壞習慣。會出現哪些負面影響，我比任何人都清楚。

因此就算幸運拿到了加班費，也不代表就能因此存到錢。而無薪加班更等於是在「賤賣」自己。

你是否為了自我滿足而加班？

我擔任補習班講師時，月薪確實很高，但其實也經常超時工作。

身為講師，課前的準備時間遠比實際上課時間多。這些工時當然拿不到薪水，也就是所謂「無薪的前置作業」。

每天大概需要四個小時的準備時間。

為了讓學生有好成績，課前準備少不了。可是，每天花費四個小時準備，時間未免太長了。

有一天，我的內心出現了問號。當捨棄掉執著思考時，終於察覺到了真相：我這麼做其實只是想搏得眾人的認同，希望大家認為我是「認真的老師」。如果集中精神準備，搞不好只需一半的時間就能完成工作。

然而，我卻刻意提早到補習班，一邊跟同事哈啦，一邊擺出準備授課的「姿態」。準備的時候還邊吃洋芋片之類的零食。

沒錯！我純粹是為了自我滿足！

希望你也靜下心來，仔細回想自己的工作情況。

昨天的加班，真的是必須的嗎？

是否只是因為「不想比上司早下班」、「想讓大家知道自己工作非常賣力」之類的理由，刻意加班處理明明可以隔天再做的工作？

對於賣命工作的自己，你是不是有點自戀？

唉，你根本是在浪費光陰！

不過，我並不是全盤否定加班。

我們有時難免無法拒絕別人的請託，還有準備推出重大企劃案時，為了做好萬全準備，加班也是必要的。

可是，人生短暫。為了可以盡早存到必需本金，一定要以「當下該做的事」為優先。**根本不需因為在意別人而浪費時間無薪加班。**

首先，請確實建立時薪概念。

知道自己工作的時薪有多少，就能清楚分辨「什麼時候該加班」、「什麼時候不該加班」。減少無薪加班的時間，也等於是在提高自己的「時薪」。

我希望你能從公司要回屬於你的時間，用在自己的「未來」。

利用這些時間去學習投資理財或上課進修，也可以參加跨業交流會……，能做的事多的是。

擁有時薪概念後，你所勾勒的未來就能一點一滴地實現。

減少免費加班的時間，就等於是在提高自己的「時薪」。

06 認為「晚了二、三分鐘不算遲到」是大忌

「沒關係。又不是遲到了十分鐘或二十分鐘。」

「只是遲到二、三分鐘，算是誤差範圍啦。」

既然「沒多少時間」，為何就不能準時呢？

說穿了，你心裡根本就不在乎準時這件事吧。

沒有時間觀念的人不會有理財概念

時間是下午兩點，地點是澀谷八公像前。

今天是大學朋友的聚會。

有兩位朋友已經抵達八公像前。

下午兩點三分，「你」用跑的過來。

「對不起，我遲到了。你們等很久了嗎？」

「沒有。這樣根本不算遲到。」

「太好了！」

三個人就像沒事發生般，有說有笑地往前走去。

真是慶幸，實在太慶幸了……

不過，這樣真的「值得慶幸」嗎？

你平常是否經常會遲到個二、三分鐘？而且，不認為這樣算遲到呢？

「沒關係。又不是遲到了十分鐘或二十分鐘。」

「只是遲到二、三分鐘，算是誤差範圍啦。」

如果你是這麼想的，請馬上修正想法。

請容我再說一次。

時間就是金錢。

時間就是錢。**在你浪費二、三分鐘的時候，已經在不知不覺間浪費了金錢。**

遲到二、三分鐘，也許真的不算什麼，「沒多少時間」。既然這樣，我想請問大家一個問題。既然是「沒多少時間」，為何你就是不能準時呢？

只要提早二、三分鐘出門，趕上前一班捷運的話，絕對可以準時抵達。就算時間很緊湊，只要到站後用跑的過去，或許可以在約定時間內抵達目的地。

可是，你卻沒有這麼做。

沒錯！其實你根本不想準時！

時間就是「存款」！

在我二十幾歲時，也是老愛遲到個二、三分鐘的慣犯。完全沒有考慮到對方的情況，凡事只想到自己。

愛遲到的當時，根本也無法存到錢。

正如大家所知，當時我「零存款」，完全靠信用卡預借現金度日。

沒有時間觀念的人，也會是毫無理財概念的人。無法做好時間管理的人，也無法管理金錢。換言之，根本存不了錢。

如果你認為「遲到二、三分鐘不算什麼」而一再遲到的話，是否也代表你認為「一、二塊錢是小錢」，而不在乎地任意浪費呢？

「一點小錢無所謂啦！」

於是毫不思索地買了罐裝咖啡或不必要的零食，連只跳錶一次的短短路程也搭計程車……。這些行為完全是在浪費金錢。雖然微不足道，但別忘了聚沙也能成塔。

遲到三分鐘一百次的話，等於浪費了三百分鐘（等於五個小時）。五個小時應該可以看完三本理財書吧？

如果每天買一瓶一百二十日圓的罐裝咖啡，連續買三十天就花了三千六百圓。這些錢夠你參加研習會或讀書會。

如果你的用途正確，時間與金錢都能用於「你的未來」。

可是，你根本沒有這麼做！而且非常浪費！

因為這樣的想法，怪不得存不了錢。

相反的，**會存錢的人通常很有時間觀念。他會將時間花費在該做的事情上面，對於無謂的事，絕對不會浪費一分一秒。**

老是改不掉遲到惡習的人，建議將家中的時鐘轉快十分鐘。這樣你就可以準時抵達目的地。

唯有做好時間管理的人，才能管理自己的金錢。

07 經常熬夜產能會降低

上網到半夜兩三點，
跟朋友喝酒聊八卦到深夜，
每天早上起床都很痛苦，
這樣的熬夜，對你的人生有什麼幫助呢？

夜貓族毫無產能可言

以前的我是標準的「夜貓族」。

補習班本來就是傍晚才開始上課，下課後也常常呼朋引伴喝到天亮。回家後就一直睡到中午，下午再去補習班上班。

我雖然稱不上極端的夜貓族，但相信應該有不少人承認自己是「夜貓族」。容我在此說句殘酷的話：**夜貓族的生活毫無產能可言。**

你每天熬夜，到底都在做些什麼事？是不是跟朋友喝酒、聊八卦？還是無意識地看著無聊的深夜節目？或是到附近的便利商店站著看漫畫到深夜？

我能想到的大概就是這些事了。一到晚上，整條街都進入睡眠狀態，能做的事實在有限。

如果是保全或警衛之類的夜間工作人員，可以說他們的夜間產能很高。可是，白天工作的人卻遲遲不睡，根本無法創造出一絲一毫的產能。

請恕我直言，**夜貓族就是「總是在浪費光陰的人」的代名詞。**如果你再繼續這樣的生活，恐怕一輩子都會是窮光蛋。

活用「上午的黃金時間」！

希望你能改變生活型態，從「夜貓族」轉變為「朝活族」。不要再等到明天了，今晚就付諸實行。不再晚睡，而是提早就寢，還要早起。然後好好利用多餘的時間自我充實。

為了知道儲蓄資產的方法，你要多看書。也可以為了未來的工作出路、為考取證照而看書。或者是為了瘦身，開始慢跑習慣。不管時間是長是短，必須學會如何有效地使用時間。

大約在一年半前，我徹底改變了生活型態，當個標準的「朝活族」。關注我的社群網站的朋友，應該都很清楚我每天的起床時間。因為我會將每天的起床時間刊登在網站上。比方說，「今天是兩點啦（兩點起床）」、「今天是四點啦（四點起床）」等等。

「凌晨兩點或四點，不是還是半夜嗎？」

應該有不少人被我嚇到吧？沒錯，這時候起床天色是暗的。不過，如果當天晚上沒有安排約會，我通常晚上九點就進入夢鄉了。然後很自然的，早一點就是凌晨兩點醒來，最晚也是四點就會自然起床。

醒來後就打開電腦，檢查電子郵件，開始進行重要的作業。

自從我的生活型態改變，覺得每天都過得很有意義。醒來後那一個小時的工作效率可以媲美白天或晚上的三個小時，效率非常好。

「下次要出版哪一類型的書呢？」

「哪個是接下來會有高獲利的投資標的？」

「明天的演講該說些什麼？」

排名前面的重要工作，都是在早上完成的。

早上正是體力完全恢復的時候，最適合工作了。前一晚你的想法可能還很悲觀，認為「自己沒用……」；但到了早上想法會變積極，你會充滿信心地告訴自己：「我可以勝任這項工作！」

早起的話，頭腦也會更加清醒。昨晚還覺得自己「腸枯思竭」，一到早上卻文思泉湧，一口氣寫了許多文稿。

此外，**早上的判斷力也非常精準。**在晚上觀察海外投資市場的話，往往因為心神不定，選到高風險的投資標的。如果是早上睡醒後再來觀察海外投資市場，就可以抑制那份衝動，不會盲目投資。

你覺得如何？早睡早起是不是百利無一害？

我之所以可以不斷出書，每週都有演講邀約，還能在不景氣的時候讓資產持續擴增，是因為懂得善用早上的時間，懂得如何在早上做出冷靜的分析。

人不可能一整天坐著不動，埋首桌前工作。

上班的時候會遇到不速之客，手機也會作響，還可能有突發狀況。這些無法掌控的事情會分散我們的注意力。而且，工作了一天，晚上總是非常疲累，根本無法處理重要的事情。

存不了錢的人晚上能做的事，不外乎邊喊「無聊」，邊看電視吧？或是無意識地逛網站？

這時候你的大腦已經精疲力盡了，如果逛到了網路商店，就會買下平常絕對不會買的商品。結果，你又浪費錢了。

首先，培養早睡早起的習慣吧。

無法早起的人，請加入前面所介紹的「朝活族」，善用早上時間。

加入朝活族活動，就可以跟著朋友一起提升自我。

沒有目標的早起是件痛苦的事。但是只要加入「朝活族」，就等於設定了目標，可以付諸行動。

這麼說雖然有些動機不良，如果在朝活族認識了喜歡的異性，應該從此以後都會早起吧？

若能享受到早睡早起的好處，就可以持之以恆。

或許你也可以跟我一樣，將每天的起床時間公布在社群網站，募集喜歡早起的夥伴，有許多人為你加油打氣的話，一定可以早起。

早上的黃金時間可以生出許多金光閃閃的金蛋。

當你明白這個道理，就不會再白白浪費寶貴的早上時光了。

朝活族的產能遠比夜貓族高出許多。

08 喊「忙」的同時也要思考解決方法

「忙」這個字已經成為你的口頭禪了嗎？
你曾思考過為什麼自己會忙嗎？
如果你現在的忙碌看不到「財富」和「未來」，
請重新思考「自己是否忙得有價值呢？」

發牢騷前，先想想「忙的價值」！

「想做的事很多，卻忙到沒時間執行。」
「唉，我好忙，忙歪了。」
你是不是也一樣？「忙」這個字已經成為口頭禪了？

如果真是這樣，可以斷定你得了「忙碌病」。

忙碌病是非常可怕的疾病。**因為在你喊「忙」的時候，其他思考能力全部停止發揮效用。**

你為何會忙？

該如何從忙碌中解脫？

你本來應該要思考這些問題，但是一句「忙」，讓你心態改變，變得滿足於現狀。等於自己放棄了思考能力。

這樣的你宛如生活在小籠子裡，踩上轉輪讓自己永遠轉來轉去不停歇的小倉鼠。雖然氣喘吁吁喊著「好忙！好忙！」，卻還是讓自己待在轉輪上，一直轉個不停。

這樣的小倉鼠能為未來創造出財富嗎？

當然不可能。牠只會筋疲力盡，累到死而已。

每天喊「忙」的你。是否忙得有「價值」呢？

忙的價值有兩種。第一種當然是「錢」。你是否拿到與忙碌同等回報的薪資呢？使用本書介紹的「時薪觀念」來計算薪資，馬上就能知道答案。與薪資所得不對等的忙，毫無價值可言。

第二種價值是「未來性」。薪水少了點沒關係。但是，你每天這麼忙，是否能夠為未來開創更遠大的局面？目前的工作能幫未來鋪路嗎？

比方說，為了習得某項技能，勢必需要一段聚精會神、埋頭苦幹的時期。可是，當你從那樣的忙碌生活解放時，一定要得到同等的回報。這就是忙的價值。

如果你現在的忙碌看不到「財富」和「未來」，為了改變生活，只好立刻改變你的行為模式。

擺脫「瞎忙」，成為創造自我價值的人

在說明改變行為模式的方法前，我想先聊聊關於資本主義經濟的結構。

什麼？你是不是想說：「聽起來好像很艱深？」

不過，希望你稍微忍耐一下，聽我道來。其實，這件事與你的工作忙碌情況有莫大的關聯。

資本主義經濟大致是由以下四個階級所組成。

- **雇員**（Employee）
- **自由職業者**（Small Business）

・公司所有者（Big Business）

・投資者（Investor）

你現在可能是位普通職員，屬於「雇員」階級。公司看你的工作內容，每個月發薪水給你。

可是，在四個階級中，「雇員」是唯一無法創造自我價值的人。就算你多麼努力工作，也無法自己決定薪水是多少！

即使達成了十億圓的業績，如果公司堅持你的年薪是「三百萬圓」，你也只能領到三百萬圓的薪水。

其他的「自由職業者」、「公司所有者」、「投資者」等階級，可以自己創造獲利。你這個階級獲得的報酬，不過是「自由職業者」或「公司所有者」將其所得利益分配一些給你罷了。你的地位其實岌岌可危，毫無安全感可言。

只要你是「雇員」階級，就無法為自己創造利益。

從這樣的經濟結構來看，就算工時長、薪資薄，你也不敢有所怨言。

那麼，再回到原始的話題。

如果你現在屬於「窮忙」，必須採取哪些行動改變現況呢？

答案其實很簡單。

想擺脫窮忙的生活，你要跳出「雇員」的階級，成為「自由職業者」、「公司所有者」、「投資者」。也就是說，要成為創造自我價值的人。

你可能會說：「怎麼可能說創業就創業，想當老闆馬上就能當老闆？」

會這麼想，就是思想僵化的最佳證據。

舉例來說，你可以將長眠於衣櫥裡的衣服拿到網路拍賣販售，或是透過電子報刊登你所擁有、引以為傲的專業知識，尋找兼差或副業的機會，這樣就能為自己創造獲利。

不一定要做大事業。想想看如何將你現在所擁有的價值換成金錢報酬。這個問題應該會是一個很棒的腦力訓練課題。

將這些錢一點一滴存下來，一旦存到十萬圓的「本錢」，馬上到網路券商開戶，嘗試買些便宜的「迷你股」。如此一來，你也算擠進「投資者」行列了。因為你可以運用資產創造獲利。

當然，雖說是獲利，剛開始可能相當微小。

可是，**當你可以更有效率運用資產時，只靠投資累積財富絕非夢想。甚至利用這些資產成為「經營者」也不是遙不可及的夢。**

事實上，我就是透過投資，成功擺脫負債累累的「雇員」身分。投資當然有風險。「投資者」為了創造利益，必須努力學習投資相關知識。

不過，在你因為學習而抱怨「忙」的時候，比起為他人做嫁衣的辛苦，這樣的努力根本算不上辛苦。

與其受人指使而忙碌，你應該學習為自己的意願而忙碌。

忙碌不是壞事，最怕你只是在窮忙。

09 要懂得拒絕續攤

「大家喝得那麼 high，提早離開很掃興耶。」
「朋友說不參加第二攤就是不夠意思。」
「大家都去的話，只有我一個不去不好吧。」

不參加第二攤就無法維持的友誼，值得擁有嗎？

為了將來著想，在第一間店就該結束聚會

在我擔任補習班講師的時代，每天通宵喝酒。

首先到居酒屋聚餐，然後到不符合身分地位的高級俱樂部一擲千金（當然是信用卡簽帳加循環利息繳款），再轉場到另一家酒店喝酒……這已經成為每日必做的功課。

我不只喝第二攤，喝到第三攤、第四攤也是常有的事。

人一旦開始喝酒，就會逐漸喪失理性。第一攤還能保持點理性，喝到第二攤、第三攤，根本就是不醒人事。隔天醒來，完全不記得昨晚跟朋友們聊了哪些話題。當然更不記得到底花了多少錢。只剩下面額數萬圓的信用卡簽帳單，成為通宵喝酒的唯一證據。

雖然那一瞬間會覺得後悔，但馬上又為自己找了「金錢是世界上最偉大的旅行家」的藉口，相信花出去的錢總有一天會再回來，於是，隔天又故態復萌。

在此，我要鄭重地奉勸各位。

如果想存錢，絕對不能參加第二攤聚會！

我並不是叫你「不准參加聚餐」。為了工作交際應酬或抒發壓力，有時候必須喝酒。但是，第二攤聚會是「百害無一利」。

參加第二攤聚會的話，勢必要支出比第一攤聚餐更高的費用，如果錯過最後一班電車，還要花一筆計程車費。同時也要賠上自己的時間和睡眠時間，對肝也不好。

如果你想維持融洽的人際關係，參加第一攤聚會就夠了。通常第一攤聚會的時間約兩個小時左右，這樣的時間應該夠你和朋友們透過「飲食溝通」，建立圓滿的人際關係。

相反的，參加第二攤、第三攤的話，因為喝得醉醺醺，結果常常是「將真心話全說出來，把氣氛搞糟了。」

如果朋友因為你沒有參加第二攤聚會，就和你絕交，像這種以酒肉關係為基礎的友誼，還是早日結束較好。

懂得交際的人會把握機會，在第一攤聚會建立圓滿的人際關係。

第3章

存不了錢的口頭禪

10「我有夢想，但缺乏資金」

「唉。如果有錢，就可以完成夢想……」

「〇〇真幸運，找到金主幫他。」

「沒錢真是萬萬不能啊。」

抱怨沒有資金的你，是否想過為何別人就能得到贊助？

別讓難得的生意經成了「下酒菜」

在我擔任補習班講師的時期，出現了許多規模大到足已上市的補習班。這些補習班展開連鎖經營，將補教業經營成潛力無窮的商機。

因為這樣的時代背景，講師們聚餐聊天時常說：「我們乾脆卸下領薪族的身分，開補習班吧！」

「開間一對一教學的補習班吧！」

「以偏差值低的學生為招生對象，才能擴展客源！」

「首先就以熱衷教育的世田谷區為中心，展開補教事業！」

「一開始開五間，目標是三年後展校三十間！」

大家不斷地提出各種新想法。

當然啤酒杯也跟著一杯杯變空。

然而，每當那時候，我們就會遇到一個大難題。**「可是，資金在哪裡……」**

每天如此狂飲作樂，當然沒有資金。於是，大家一起嘆了一口大氣。夢想就跟啤酒泡沫一起消失得無影無蹤。唉。如果有錢的話，就可以完成夢想……

抱著苦澀的心情回顧過去的自己，我都會這麼想：**「沒有資金什麼事都不能做」**，**根本就是不負責任的藉口。**

只談夢想的話，人人都能辦到。但並不代表真的能付諸實行。當時大家熱烈談論的生意，最終也只能用來當「下酒菜」助興而已。

只要真心想做，通常都能成功

如果沒資金辦不了事的話，那就認真思考募集資金的方法。

創業需要「多少」資金，試著算出具體金額。

如果是無法籌得的巨大金額，你就知道自己的夢想是天方夜譚。這時候最好修正創業模式，直到覺得可以實現為止。

創業行程計畫如何？如何募得人力資源？組織架構如何？需要考量的事情很多。不過，每一件事只要思考就能想得到。

「我有夢想，但缺乏資金。」

老是以這句話為藉口的人，就算有了資金也什麼事都做不了。真有想完成的夢想，只要找出籌備資金的方法，就能夠完成。

資金問題解決了，接下來就要思考調度資金的方法。

你要共同出資？還是募集贊助者？若是自己獨資的話，最好設定目標「我到何時要存多少錢」。

前面的章節提過，設定明確目標是非常重要的。

為了實際募得資金，你必須自我磨練，讓事業內容更吸引人才行。同時修正事業內容和資金雙方面的問題，提升計畫的實現可能性。

愈是需要資金的創業，執行過程更是困難重重。可是，只要你真心去實踐，絕對可以美夢成真。

只會把沒有資金當成藉口的人，永遠無法得到他人的贊助。

11「因為這個人與眾不同，才能成功」

「郭台銘之所以會成功，是因為他是郭台銘啊。」
「我可不像〇〇那麼幸運。」
「那個人的狀況跟我不一樣，我沒辦法照著做。」
別忘了很多人在成功之前，也只不過是普通的平凡人。

無法從成功故事中獲得啟示的人不會成功

之前 NHK 有一個創下超高人氣的紀實型節目〈Project X〉。
就連幾乎不看電視的我，也看過這個節目好幾次。
這些名不見經傳的普通人透過不斷的努力和嘗試學習，終於成就一番事業。看過當事者奮鬥的過程紀錄後，連我都覺得渾身充滿勇氣。

而且，看過的人都會深深為故事情節所吸引，進而成為固定觀眾。

因為〈Project X〉相當風行，其他電視台也想「趕搭流行列車，並加以超越」，於是報導成功者故事的紀實型節目一下子增加了不少。

〈年營業額五億的網路界風雲人物〉

〈從專職家庭主婦轉型為成功商人〉

〈離開上班族生活，成為餐飲界之王〉

這些佔據電視新聞版面的標題聽起來相當華麗，也令人羨慕。就這樣完全被吸引住，一直盯著螢幕看下去。

在這些講述某個領域成功人士的奮鬥故事，裡頭的主角都異口同聲地這麼說：

「因為有當時的苦難折磨，才能有今天的我。」

聽了這些成功人士的心聲，你有何感想？是不是當成「別人的故事」，聽過就算了？

「真厲害。不過，因為是那個人，所以才能成功。」

「成功者果然都擁有驚人的行動力。如果是我，鐵定辦不到。」

「我的公司全是些思想僵化的上司，如果我那麼做，鐵定被盯得體無完膚。」

「啊，故事真有趣。看完就睡覺吧！」

確實有不少人將如此精采的故事，當成「遙不可及的故事」或「完全與自己無關的故事」。

如果你將這些故事當成「別人的事」，聽過就算，就永遠無法像他們一樣成為成功者。當然也存不了錢。

成功者的話句句是「精華」

「我並沒有特別想要成為成功者或有錢人。」

或許你會說出這樣的相反意見。

我懂你的心情。寫這本書的目的並不是要你成為有錢人，而是要讓你成為「財務自由」的人。

在當今前途混沌不明的時代，不想被錢束縛擺弄的話，如果沒有每天豎起大腦天線，擁有「我是個不太注意時事的人，但想知道成功祕訣！」的野心，勢必會為錢綁手綁腳。

成功人士的故事裡，滿滿都是通往成功之道的祕訣。

能不能將這些祕訣轉換為自己的成功能量，端看每個人的「傾聽能力」。所謂的傾聽能力就是，誠摯傾聽別人話語的能力。

因此，千萬不要以為「這是跟自己無關的話」，而將情報剔除。一定要認真地傾聽。

「那個人跟我不同，是位優秀人士……」

「他的工作類型和我不同……」

這些理由根本是無關緊要的事！成功人士的話語中，到處都是乍看之下與你沒有直接關係，卻值得當作參考的「成功祕訣」！

所以，你也該嘗試將自己當作成功人士思考，比較成功者與自己思考方式之間的差異，試著找出自己的不足之處。

「如果是我，會設定什麼樣的目標？」

「如果是我，會如何度過難關？」

「如果是我，會如何洞察事業的未來性？」

希望你能夠思考這些問題，朝成功者的人生邁進。

我不敢不自量力地自稱為「成功人士」，但是我也成功擺脫「二十八歲零存款又負債累累」的生活，還出版了這本書。若以世人眼光來看，或許能擠進成功者之列。

不過，我絕對不是所謂的特別人士，我只是個普通人。

我貪杯好賭，成功對我而言曾經是遙不可及的事。外表也不像某些IT產業負責人那樣「充滿自信且意氣風發」。或許別人會覺得我看起來完全不值得信賴。

曾經聽過我演講的人，現在閱讀本書的時候，看到這裡一定會點頭如搗蒜。這麼吐槽自己還真是心情複雜……像我這種完全不值得信賴的傢伙，為何現在能寫書出版，還可以在全日本舉辦演講會？

因為我沒有放棄自己，不覺得「別人成功的故事跟我無關」，而是認真傾聽成功者說的話，而且加以實踐。努力培養了「傾聽的能力」。

我不奢望你成為可以被電視台做成特輯，大幅報導成功勵志故事的超級成功人士。但是，如果你希望擁有財富自由，千萬不要有「因為是他，所以才能成功」或「別人的成功對我而言遙不可及」的想法。

只有培養傾聽能力，持續努力不懈實行的人，才能擁抱成功。

認為成功者的故事與自己無關的人，一輩子只能羨慕別人的成功。

12「顧及我的立場，總有些事是不可行的」

「礙於我的立場，就算想做也沒辦法。」
常把這句話掛在嘴上的你，
是否想過之所以一直不去挑戰，
並非「立場行不通」，而是「立場上怕麻煩，才不想做」

以立場為藉口，其實根本是怕麻煩而不想做

許多人常以「立場行不通」為藉口。可是，每當我聽到別人這麼說時，總有一種奇怪的感覺。

真的有那麼多事情是立場所不容許的嗎？

我絞盡腦汁想像了一下，能想到的不外乎是「違反規制的事」、「違背倫理的事」、「犯罪的事」。若說這些事情是因「立場行不通」而不可為，正確來說，應該是「完全與立場無關，本來就是不能做的事。」

世人所謂「立場上行不通的事」，只要獲得周遭的諒解，事前詳細溝通的話，幾乎都是可以行得通的。

要獲取他人諒解，必須費盡心思，也可能會被孤立。但絕對不是辦不到的事。在我接管家父的保險經紀公司，成為第二代社長之際，也與家父產生了嚴重的摩擦。

就我繼承家業的「立場」來看，應該致力提升公司的營利，為了讓公司繼續生存，必須進行相關改革。可是，我並不打算將太多時間花在保險經紀公司的經營上，便漸漸地將這份工作委任給第三者，利用剩下的時間進行投資，從事演講活動，並且開始致力於「創造」賺錢的途徑。

這麼做雖然暫時讓公司收益減少，但我推估在三到五年內絕對能讓公司賺錢。

辛苦固守家業的父親看我這麼做，怒火中燒，大發雷霆。

「你為何將重要的事業委託給別人管理！」

可是，我沒有拘泥於自己的立場，而是堅持自己的想法。

當時不曉得與父親促膝長談多少次了。雖然差一點就要被斷絕父子關係，最後父親還是願意認真地與我溝通。

我花了兩年時間才取得父親真正的諒解。可是，等到父親看見我累積了一定的資產後，也認同我說：「你的判斷是正確的。」我真的非常欣慰。

你一直沒有挑戰過的事，並非是因為「立場行不通」，而是「立場上怕麻煩，所以不想做」。

只要真心想實現，根本無關立場。即使遇到困難，看到你拿出勇氣全力以赴時，一定可以吸引願意對你伸出援手的人。

像這樣所建立的人脈關係，將會成為你真正的資產。

夢想的實現無關乎立場，在於你願不願意去挑戰。

13「如果我再年輕個幾歲的話……」

青春的確令人羨慕，
「年輕」也許是最佳武器，
不過，只顧著羨慕他人的你是不是忘了，
「當下」的你也比明天的你年輕。

一個人的成功與他的年齡無關

你今年幾歲了？
如果已經年過三十，雖然還不算老，但有時也會感嘆「青春老去」吧。

請想像一下。某個盛夏的午後。為了拜訪客戶，你大汗淋漓地走在街上。就在那時候，看起來像大學生的年輕人，一身最新流行的打扮，神情愉悅地從你面前走過。你懷著百感交集的心情，瞇著眼望著這些學生。

「唉，我也曾經年輕過啊！」

口中吐出這句稍帶嫉妒的喃喃自語，你繼續朝客戶的方向邁進……

我明白你為何會不由自主地發出這樣的感嘆。

對許多人而言，「青春」是令人羨慕的。就某個層面來看，「年輕」是最佳武器。失敗可以重來，但這樣的失敗是「因為年輕」才被允許的特權。總之，就是讓人羨慕。

不過，並不是年紀漸長後，就不再允許失敗。

我在二十八歲以前，一直過著「零存款」、「負債累累」的生活。從二十八歲以後的七年時間，我成功地讓人生一百八十度大轉變。

能不能改變人生，關鍵不在於年齡。

「如果我再年輕一點的話……」

當你有了這樣的「敗犬想法」，表示你的人生正朝墮落的那一方前進。

如果沒有「孤注一擲的決心」，就會一直以年齡為藉口

世上有許多人計畫退休後創業。也有人年過六十，考取了醫師或律師執照。這些就是擁有「第二人生」的人。與這些人相比，你是不是還算年輕？

提到大器晚成的名人，我舉原著小說《月出何方》、《血與骨》被拍成電影的日籍韓裔作家梁石日先生。梁先生到了四十五歲才以作家身分出道，之前是一位計程車司機。

他後來花了很長的時間，才讓自己能夠靠揮筆桿為生。梁先生接受採訪時，如此說道：

「四十歲還算年輕。還有很大的可能性。像我，年過六十歲才開始以作家身分糊口。」

這番話實在太酷了！

如果他有了「如果我再年輕一點……」的想法，中途放棄寫作的話，就沒有今天的

知名作家梁石日的出現。當然，也無法擁有現在的名聲，以及賺取這麼多的版稅。

另一位大器晚成的名人是「肯德基炸雞」創辦人桑德斯上校（Colonel Sanders）。桑德斯上校的全名是哈蘭德・大衛・桑德斯（Harland David Sanders）。為了幫助貧困家計，十歲就到農場工作。從事過的工作高達四十種之多。

三十五歲時，桑德斯上校開始經營加油站，卻不幸遇上全球經濟大恐慌，沒多久加油站就倒閉了。

其實，桑德斯上校是在四十歲才進軍餐飲業。而且是將置物間改建成只能容納六名客人的小餐館，以此為出發點。

歷經多次的失敗與嘗試，直到快六十歲時，桑德斯上校才研發出獨家的炸雞食譜。現在，他的名字和肯德基的名號紅遍全球。桑德斯上校之所能夠成功，在於他從未以年齡為藉口，一路走來始終堅持自己的信念和可能性，一直努力不懈。

說到這裡，可能有人會說：「因為是他，才能成功。」我在前面章節已提過，千萬不能有此想法！

你往後的人生還有多少年，無人知道。可是，**從現在開始到往後的幾十年人生裡，「當下」絕對是你最年輕的時刻。**

不要再抱持「如果我再年輕一點就好了……」的想法，就從現在開始去實現夢想。

到了明天，你就會比現在更老。可能性也會更縮水。
在最年輕、最有可能性的當下，你應該有所行動！

成功絕對不是年輕人的專利。

14「現在景氣差，最好不要輕舉妄動」

物價狂漲，薪水卻不漲，
股市大跌，人人爭先恐後拋售，
害怕不景氣對投資卻步的你，
是不是忘了投資獲利的不變法則：「買低賣高」。

「危機就是最大的機會」，這是全球通用的法則

打從全世界的人開始在說「不景氣」，迄今已經過了很長的時間。期間雖然也有好幾次「景氣略為好轉」的時期，但對庶民而言，完全沒人有景氣回春的實感。

幾乎沒有企業加薪。公司能定期發放年終獎金就該謝天謝地，大部分公司都是減額。加上無止盡的通貨緊縮螺旋上升，一股無力感正瀰漫全球。自從「雷曼事件」爆發後，投資界便幾乎沒有任何好消息。

因此，每次在投資研習會演講時，出席者一定會提出這樣的問題。

「現在景氣這麼壞，就算投資也不會獲利吧？」

「現在開始新的投資，不是風險很高嗎？」

沒錯。大家所言甚是。現在或許無法期待像二〇〇〇年的「網路泡沫」那樣，可以一夜致富。

可是，會這麼說的人，代表你已經忘了重要的不變法則。那就是**「危機就是最大的轉機」**。

現在正是投資的好時機。

等景氣好轉，股市上漲後才買股票，這種人根本就是「笨蛋」。

當股市大跌，人們紛紛「賣出」股票時，就是購入的時機。因為「買低賣高」是不變的投資獲利法則。想撿便宜，只能趁股價狂跌時。

不景氣正是最大的機會！

如果你真的想存錢，應該現在馬上行動。再以不景氣或時勢為藉口，忍著不去做想

做的事，那我也愛莫能助。

以景氣為藉口的人，就是老將責任推給別人的人

我從未被景氣好壞影響，一直堅持自己的想法行動。

我是所謂的「第二次嬰兒潮世代」，出生年份是一九七二年。面臨的升學考試競爭率相當沉重，花了兩年時間才考進四年制大學。

而且，大學只念一年半便休學，出社會做事。當時正是所謂的「失落十年」，找工作是空前的困難。現在回想起來，總忍不住想誇獎自己「竟然在那個時候休學，真是勇氣可嘉」。當時的我根本不在意不景氣或工作難找。

但是，我一直希望能夠圓夢，成為補習班講師。抱持著這份單純的堅持，從大學退學，找到了補習班講師的工作。結果，還拿到了高薪。

如果當時告訴自己「現在景氣這麼差，還是維持現狀比較好」，違背自己的心意繼續上大學的話……當然在大學也能學到東西，但說不定寶貴的二字頭歲月就白白虛度了。

以我個人經驗而言，景氣好壞絕對不是影響我「做」或「不做」的決定因素。

當你打從心裡覺得「想做！」，就是付諸實現的絕好時機。

「因為景氣差，現在最好按兵不動比較好。」

如果這樣猶豫不決，難得的氣勢將會減弱。搞不好還會被對手超前。

現在有許多企業將不景氣視為機會，勇敢一決勝負而成功。有的企業將通貨緊縮現象逆向操作，推出廉價商品而成功。有的企業透過與中國貿易，賺得龐大利益。也有企業鎖定不受景氣影響的金字塔端消費者，提供高價商業服務……。縱觀全世界，應該到處可以發現類似的成功例子。

這些成功事例與景氣好壞毫無關係！

重點在於有沒有貫徹信念的那份「熱情」。以及能否抓住趨勢，「順勢」而為？接下來就是堅持到底，努力不懈而已。

在有錢人眼中，不景氣永遠是賺錢的絕佳時機。

15「就算不會說英文，也能活」

日常生活中，不會說英語的確也能活，
但商業世界就另當別論了。
你應該思考的問題是：
在未來的世界，不會說英文，能不能活得更好？

你的「好奇心」或「冒險心」不見了嗎？

最近大家都說「年輕人不愛出國旅遊」。跟來聽我演講的年輕人聊起這個話題，發現許多人「沒有辦護照」，真的讓我大吃一驚。

在這個時代，就算「年輕人沒錢」，如果想到鄰國韓國玩，機票加住宿費也只要三萬日圓就能成行了。

既然如此便宜，為何年輕人不想出國玩呢？

我曾問過好幾位年輕人不出國玩的理由，他們給了我這樣的答案。

「出國旅行很傷荷包。」

「泡泡溫泉，在日本優閒地旅遊比較輕鬆快樂。」

「出國旅行花時間，而且又累又麻煩。」

「我不會說英文，就算出國也只是找罪受。」

這些理由聽起來都言之有理，可是……我希望可以聽到充滿「好奇心」或「冒險心」的答案；然而，不管怎麼問，卻只得到「這種局勢下，活在日本就算萬幸」這一類，莫名有說服力的答案。

在我念大學的一九九〇年代初期，「背包客」相當盛行，只要背著一個登山包，就可以出國。沒有規定何時須回國，到處流浪的廉價旅遊，是年輕人才能享有的特權，也是我當時的憧憬。

很遺憾的，因為我重考兩年才考上大學，念到一半又休學，沒有長期國外旅行的機會。不過，二十二歲那年的春天到紐約旅遊的記憶，迄今仍然鮮明地印在我的腦中。

我參觀了自由女神像，漫步於中央公園，還在第五大道買了許多當時最愛的名牌貨。也逛了華爾街，但是當時對於投資毫無興趣，所以沒什麼特別感覺。

讓我印象最深刻的是在百老匯欣賞的音樂劇《西貢小姐》（Miss Saigon）。當然是全場說英文，儘管有一半聽不懂，但還是讓我感動到流淚……

好像偏離話題了，現在回歸正題吧。

我到紐約旅遊時，網際網路尚未普及。旅行前我透過旅遊雜誌、口耳相傳，努力蒐集了許多資料。買了許多禮物，多到行李箱都塞不下了。不論是衣服或首飾，全都是錯過這次機會，就再也買不到的東西。

現在很幸運的是，就算住在日本，也可以輕易獲得各種國外資訊和商品。日本與世界實在太近了。

或許因為這樣，年輕人才覺得外國沒有吸引力。

「就算不會說英文也能活。」

也有年輕人這麼說。他說的也沒錯，確實如此。我不會說英文，但也活得好好的。

可是，在未來的世界，不會說英文，「能不能活得更好？」確實是個大哉問。或許我是不會說英文，卻能成功的最後世代吧。

在商業世界裡，英文是必備能力

只要日常生活安穩，不會說英文也可以過得很自在。可是，在商業世界裡就另當別論了。

由於網路的普及，日本與世界的距離急速拉近。換言之，我們不是只跟國內的日本人競爭，而是必須跟全世界的人競爭。這就是所謂的「全球化」。

與全世界的人競爭時，只會說國語可以談生意嗎？

全球人口中，每四人就有一人，也就是超過十五億的人口是以英語為溝通語言。相較之下，以日語為溝通語言的人口數，僅有日本的總人口數一億數千萬人而已。

事實上，在當今的投資界，英語能力已經成為必備的能力。

像我這樣的個體戶投資人，在家裡只要點一點滑鼠，就可以投資全球各地的基金。可是，絕對不能事先沒有調查基金內容就胡亂投資。

想研究一檔基金的好壞，當然要閱讀以英文撰寫的〈投資信託說明書〉，還要調查企業情報。有時候也必須閱讀全球投資者發布的資訊。

這些流通於全球的重要情報，內容幾乎都是英文。甚至連書籍、論文、企業資料、即時更新的網路資訊，也全部都是。所有最新、最重要的內容幾乎都是英文。

如果你想等這些資訊翻譯成日文再看的話，很明顯的，你根本跟不上時代。

就算可以透過網路瞬間穿越國界，如果不會英文，面對眼前的資訊，你就只是個「文盲」。

我的英文不好。不需要使用到當然最好。可是，如果希望事業成功，累積雄厚資產，擁有更美好的人生，就不可以這麼說。

因為不會英文而錯失機會，投資失敗，不是很傻嗎？所以我現在也開始學英文了。但是馬上就感到挫折，學不了幾天就放棄了。

我還沒有學好，當然沒資格發表言論；但是我認為，**結交「英文同好」才是學會英文的竅門。**

我的朋友組成了「TOEIC 同好會」，每次 TOEIC 考試結束後，就會舉辦「慰勞會」，邀集大家聚餐。

在宴會上，大家立下共同目標「下次一定要考到八百分！」，有了共同努力的目標，就可以持之以恆學習英文，不會半途而廢。

現在開始絕不算遲。如果想擁有一定的財富，希望人生更美好的話，不妨現在開始學英文如何？

當你感到挫折時，就問問自己：「全世界有十五億人口說英文。我可以不會說英文嗎？」

現在學好英文，將來一定能派上用場。

不會英文的人，在全球化的未來世界將變成文盲。

第4章

會拖垮你的生活型態

16 回到家第一件事就是開電視

一旦打開電視，
就算嘴裡埋怨電視「無聊」，
還是會一直盯著看下去。
你的寶貴時間就在看電視的時候，一點一滴地流逝。

大部分人只會抱怨電視難看，按著遙控器的手卻停不下來

伊藤健一（三十歲．化名）是某中堅房仲公司的業務員。他是一名相當平凡的職員，每天過著單調的生活。

存款是零。

現在當然是單身。

最近因為不景氣，房市物件供應過剩，銷售成績遲遲沒有進展。今天也一樣，加班到晚上十點多。

「拚命加班，業績卻未見好轉……」

即使如此抱怨，健一還是拚命加班，因為他對自己業績不佳感到內疚。經驗豐富、個性陰沉的上司早就看穿健一是「爛好人」的個性。

好不容易回到家，已經是晚上十一點多了。

健一脫下西裝，換了T恤和短褲，整個人坐在沙發上。手裡拿的是常喝的發泡酒。「真啤酒」比發泡酒貴個幾十圓，要省著點喝。

此時健一很自然地拿起遙控器，按下電視開關。

「今天的節目也是一樣無聊啊！」

雖然嘴裡抱怨，拿著遙控器的手卻還是不斷地轉換頻道。後來，他將頻道鎖定在深夜的綜藝節目，整個人坐定，打算開始認真看電視。

「說真的，這個節目永遠都是這麼無聊。」

「既然這樣，不看不就得了……」儘管心裡這麼想，健一的眼睛還是盯著電視螢幕看。

等回過神時，已是凌晨兩點。

該上床睡覺了。就連健一也不得不關掉電視。於是，今天又這樣毫無意義地度過了。

馬上關掉只是在製造聲音的電視！

你是不是也跟健一一樣，每天都過著這樣的生活？

說真的，**電視簡直就是「竊取時間的小偷」**。

一旦打開電視，就算嘴裡埋怨電視節目「無聊」、「低級」，還是會一直盯著看下去。你的寶貴時間就在看電視的時候，一點一滴地流逝。

如果你希望「不再為錢煩惱不安」，從今天開始就戒掉一直開著電視的壞習慣。

生活模式與健一相同的人，每天都要花二到三個小時看電視。

如果睡眠時間是七個小時，一天的活動時間就是十七個小時。白天幾乎都在公司度過，上下班通勤也要花費很長的時間。

除掉這些「被公司剝奪的時間」，剩下來屬於你的時間大約只有七個小時。

而你竟然用二到三個小時來看「無聊的電視」。

除了公司，連電視也剝奪了你的寶貴時間！

別再一直開著電視，將看電視的時間用來自我成長吧。

你可以看書、學習，或是為了存錢累積必備的智慧。持續這樣的生活一個月，你就能擁有六十到九十個小時的自我時間。能做到這樣，一定能夠大幅成長。

提高鬥志，以堅定的意志，斬斷那些「壞習慣」吧。

不被電視偷走時間的人，將來可以享樂的時間更長。

17 聽到「便宜」兩字，再遠都會去買

一聽到特價，寧可錯殺也不願放過，
沉醉在買到特價品的喜悅中時，
你是否想過一件事：
拿時間換取金錢，這樣真的有節省到嗎？

別讓生活被「特價」或「清倉」等字眼束縛住

河合繪里（三十一歲．化名）在廣告公司擔任會計。

仔細觀察的話，她的五官非常端正。但她似乎刻意想隱藏自己漂亮的外表，衣著相當樸素，毫不搶眼。每天就只是往返於公司和住家，過著制式的生活。

短大畢業後，已經工作九年了。雖然嚮往「安定的家庭主婦生活」，卻還是找不到男朋友。

像這樣的繪里，只有某個時刻能讓她雙眸閃閃發亮。當她看到夾在報紙裡的宣傳單出現以下文字時，整個人就會為之振奮。

「大減價」

「打七折」

「只限今天」

「出清存貨大拍賣」

只要發現賣得比其他商店還便宜的商品，她絕對不會錯過，一定會買下來。這就是她的生活型態。

繪里會視折扣情況，有時就算再遠也會跑去買。昨天是星期六，她為了買「一袋五十日圓的蛋」，竟然跑到隔壁區的超市。

今天是週日，公司放假。繪里又可以不在乎時間地跑到遠方購物。

她花了大約半天時間，遠征到郊區剛落成的暢貨中心。往返一共花了三個小時，以比一般價位還便宜五千日圓，也就是一萬五千圓的金額，買了心愛品牌的洋裝。

「太好了，今天也賺到了。」

她並不打算穿上那件洋裝出門，只是看著衣服很滿足地微笑。不過，這麼做真的有賺到嗎？

與其省小錢，倒不如投資自己

搭電車來回花了三個小時，只為了買件便宜五千日圓的洋裝。做這種事根本得不到任何好處。反而讓自己失去了重要的東西。那個重要的東西就是「時間」。在本書裡我一再強調「時間就是金錢」。

車程來回需要三個小時的購物行為，根本是在浪費時間。

到隔壁區買一袋五十圓的蛋，到底要花費多少時間？繪里如果有「時薪觀念」，絕對不會這麼做。你應該是希望「財富自由」、「存款多」，才會閱讀這本書。如果是這樣的話，與其節省眼前的數千圓，我反而希望你能做更有意義的事。

如果有三個小時，首先請你利用這些時間，吸收賺錢的必備知識。多看一本書，學習投資常識，或是參加跨業交流會，拓展創業時所需的人脈……。你該做的事多到數不清。

通常，「雇員」階級的人，才會在意眼前省下的小錢。因為是薪水族，只領固定收入，就不會想到「把省小錢的時間拿去做別的事，將可以獲得更大收益。」

當你努力增加薪資以外的收入時，節約的定義也會跟著改變。

窮忙族拿時間換小錢，富閒族拿小錢換時間。

18 喜歡柏青哥或賽馬等賭博性遊戲

賭博贏錢的感覺，
確實讓人感到飄飄然，
但是，你可曾想過：
賭博真的可以賺錢的話，為何莊家還沒有破產？

「用不正當手法賺的錢留不住」是千真萬確的

我以前沉迷過賽馬和柏青哥。

曾經一天花三萬日圓打柏青哥。更嚴重的是賽馬，光是週末兩天，十萬圓一下子就化為烏有。

因為一心想贏，還曾花錢買了奇怪的「必勝情報」。因為是「必勝」，費用當然很高。現在想想，如果真的是必勝，那寫書的人自己應該忙著買馬票才是……

麻煩的是，賽馬輸了是家常便飯的事，但偶爾也會贏。我也曾經買了大爆冷門的號碼而中大獎，一次就賺了五十萬。也因為這個緣故，讓我一直沉迷賭博而無法自拔。

什麼？那時候贏的五十萬圓跑哪去了嗎？當然不可能存起來，也不可能拿去還債。我辦了「祝勝會」，跟一群朋友吃喝玩樂花光了。

這樣的行為完全印證了「用不正當手法賺的錢留不住」這句話。

一夜致富？世上沒有這麼好康的事。

如果真能靠賭博賺錢，街上的柏青哥店或賽馬場都要破產了。因為賭博本來就是「莊家」在賺錢的遊戲。

在我下定決心「要成為財富自由的人」那天起，就戒賭了。

只要確實辦到，原本因賭博浪費的錢就可以全部存起來。再加上原先花在賭博的時間，拿來學習投資綽綽有餘。

這麼做讓我重新體會到，賭博真是件浪費時間和金錢的事。

投機財會因為投機再度失去

丹尼爾．卡尼曼（Daniel Kahneman）是二〇〇二年諾貝爾經濟學獎得主。他是位經濟學家，也是心理學家。事實上，他是以「行動經濟學」研究家而聞名，專門研究經濟學與心理學。

卡尼曼所提倡的「前景理論」（Prospect Theory）是非常值得參考的一門理論。在此針對其內容概略解釋。

假設你現在拿到了特別獎金三十萬圓。同事對你說：「如果你借我這筆錢，下星期我會加倍還你。」你會怎麼做？

大家應該都不會借出這筆錢吧？已經握在手中的獲利，應該會想確保這筆錢的存在。

相反的，如果你因為賭博輸得精光，遇到「下一場比賽如果投入三十萬圓的話，或許之前輸的都能贏回來」的狀況，又會如何抉擇？

這種情況下，你應該會抱持著可能會輸的風險再投入資本。因為已經賠錢了，就會期待「最後的重大勝負」。

我的說明相當簡略，但這就是前景理論的概念。

即使每場賭局的贏率相同，後者的情況會讓人很想再投入資金。**人在獲利的時候會變得保守，想守住金錢；賠錢的時候就會想再賭一把。**

因此，賭博賺來的錢，最後會因賭博而消失不見。比起守住獲利，因為更想要「贏多一點」，結果陷入泥沼而無法自拔。或是花錢在不需要的物品或玩樂上。想靠賭博致富，根本不可能。

而且，中途贏率愈高，愈會讓你沉迷。雖然賺到了錢，其實是在浪費時間。

比起無意識看電視的行為，賭博會浪費你更多的金錢和時間。相信我，沉迷賭博的人應該現在馬上戒賭。

不是減少賭博的次數，而是完全斷絕。

賭博和吸毒一樣，都會讓人上癮。如果沒有完全戒賭，又會故態復萌。

相反的，只要一次確實戒賭，就可以冷靜看待賭博這件事。不會像吸毒那樣，又被吸引而沉迷。

人生短暫，是不是該將金錢和時間用於更有意義的事物上面呢？

賭博賺來的錢，最後會因賭博而消失不見。

19 製造各種理由，就是不運動

「我太忙沒時間運動。」
「每天慢跑好累。」
「上健身房很貴。」
比起擔心健康的壓力，實際動動身體容易實行多了。

做不好健康管理的人，就是沒有理財能力的人

說來慚愧，以前的我與運動完全無緣。那時候的我「零存款」，過著使用信用卡預借現金的地獄生活。

平日喝酒到通宵，週末則沉迷於賽馬和柏青哥，哪有時間運動。於是，體重數字一

直增加，最胖的時候將近九十公斤。

如果有人想看我那時候的模樣，我可以公開照片證實。不過，照片實在不雅，誰看了都會不舒服，所以就不公開了。

總而言之，和現在的我相比，當時多了將近三十公斤。不難想像那時的我是多麼怕熱吧？

就算情況不像我那麼極端，應該也有許多人不太運動吧。多數不運動的人並非討厭運動。而是以「太忙沒時間」為理由不運動。根據我的經驗，在此想奉勸各位一件事。

首先要養成運動習慣，連自我健康管理都做不好的人，絕對存不了錢。

人變健康後，自然不再有壓力

大家都知道，在美國體型肥胖的人，會被認為是沒有前途的人。因為大家認為「做不好健康管理的人，就是無法自我管理的人」。無法自我管理，會讓人覺得連工作也做不好。如此一來，前途自然暗淡。

事實上，美國職場的成功人士都勤於運動，而且定期運動。有了健康的身體，才有體力完成艱鉅的工作。

以前曾聽某位精神科診所醫生說過，**定期運動的人不易累積壓力。**

人沒有壓力，浪費的風險也會降低。這樣就不會為了抒解壓力而暴飲暴食或衝動購物。當然就能存到錢了。

寫到這裡，我想起了一件事。補習班的工作雖然充實忙碌，但生活畢竟不規律，壓力就在不知不覺間累積。證據就是，辭掉補習班講師的工作後，我的體重減至六十公斤。

辭了講師工作後，我不再為了抒解壓力而暴飲暴食，同時也開始存錢。

我不是要威脅你「每天慢跑」、「每天上健身中心」。像這種事，我自己也辦不到。我認為，為了健康花大錢，是本末倒置的事。

你可以嘗試每隔三天早起，提前一站下車走路到公司。這麼做就足以讓你心情改變。也可以不搭電梯，多走樓梯運動。

重要的是，注意自己的「健康」，為了維持健康，開始採取小小的行動。

如此一來，將來的獲益絕對不是只有健康而已。

定期運動的人不易累積壓力。

20 常吃速食或垃圾食物

漢堡、薯條、炸雞、汽水……
把速食和垃圾食物當主食的你，
是否注意到體重計上的數字？
別讓直線上升的體重，拖累你的人生。

「吃速食較便宜」，根本是謬論

以前的我幾乎天天以速食或垃圾食物果腹。

之所以會這樣是有理由的。當時工作時間不規律，而且很忙，根本沒時間可以好好吃頓飯。而且經常工作到深夜，累積太多疲累感，就會很想吃甜食。

其實，我會選擇速食，原因就是「便宜」。

當時我的錢都花在酒錢、治裝費，還有賭博，餐飯總是排在最後。因此，當然是以便宜為優先選擇。對當時的我而言，吃飯不過是填飽肚子的儀式罷了。

我不在乎食物的味覺或視覺。忙的時候速食是最佳選擇，兩三口就解決了，而且也省荷包。當時還會在心裡吶喊「速食萬歲」。

但是，我現在明白了。

不注重飲食品質的人，通常沒有金錢概念。當然一輩子都不會變成有錢人。

飲食貧乏的人，心靈也會變貧乏

速食這種食物，偶爾吃會覺得很美味。我不是叫你過著禁慾生活，偶爾吃點高油脂食物也無妨。但是，如果把速食當成主食，一定會「出問題」。

很幸運的，之後我被半強迫地跳脫每天吃速食的生活。因為我要繼承父親的保險經紀公司。因此，我才能告別不規律的忙碌、天天喝酒狂歡的生活。

可是，自從我接下保險經紀公司的業務後，有一段時間領的薪水比補習班講師時代少很多。當時我的薪水是三十萬日圓，必須用這些錢還卡債、應付生活支出。

當然不能胡亂揮霍。我都等晚上七點以後附近超市的「限時特賣」開跑才去購物，買一些降價的熟食料理。

最愛吃的「鮪魚生魚片」晚上七點後會打對折。我就買了鮪魚生魚片和一些熟食蔬菜當晚餐，不僅非常健康，也算豐盛，而且相當便宜。

白飯當然是自己煮的。

這麼做之後，我才察覺伙食費比以前每餐吃速食省多了。

速食或許真的「便宜」。但是能夠自己煮飯的話，就可以省下更多飲食費。如果自己會做些菜，飲食支出應該會更少。

而且，在超市看到各種食材時，很自然地會對「吃」產生興趣。飲食觀也會產生很大的改變。不僅可以減少伙食費，為了管理健康，還會考慮到營養的均衡，選擇適當的食材。

就這樣子，原本近九十公斤的體重，自然開始減輕。

體重變輕後，心情也跟著輕鬆。攝取營養均衡的美味食物，不可思議的，內心也會獲得滿足。

即使賺再多的錢，內心貧乏的話，就會成為「金錢的奴隸」。

飲食無趣的話，內心也會跟著貧乏。比起在飲食上花了多少錢，更重要的，是要關心自己所吃下的食物。想要堂堂正正地存錢，首先要修正你的飲食生活。

不注重飲食品質的人，內心永遠無法獲得滿足。

21 只有健康檢查時才量體重

胖子不是一天造成的，
債務也不是一天累積的，
平時疏於管理，到時就會自食惡果。
體重與負債，兩者增加的過程極為相似。

期待「總有一天會變瘦」，將一事無成

在本書裡，提過好幾次以前我體重高達九十公斤的事。

儘管我已是超胖體型，當時卻只有健康檢查時才會量體重。現在回想，搞不好有段時間體重其實已經超過九十公斤，實在可怕。

雖然我不量體重，並不代表不知道自己是個「胖子」。我還沒有遲鈍到那個地步。可是，危機感相當輕微。因為我是花了幾年的時間慢慢變胖，不知不覺間就習慣了自己肥胖的體型。

事實上，變胖也只是覺得身體動作稍微不敏捷，但體能還是不錯。當時我的內臟和雙腿、腰部承受了極大的負擔，卻沒有絲毫不適的感覺。

所以我告訴自己「總有一天會變瘦吧？」，完全不在乎自己的身材。

回顧當時，實在覺得丟臉。因為老是把「總有一天會……」掛嘴邊的人，將永遠一事無成。

建議採取「筆記減肥法」管理體重和金錢

體重增加與負債增加，兩者的過程極為相似。

負債不會突然就是一筆龐大金額。它會一點一滴累積，在幾年時間裡漸漸擴大，最後你也習慣了這樣的負債生活。

容我斬釘截鐵地說。

無法管好自己體重的人，就是沒有財務管理能力的人。

所有的自我管理能力皆與財務管理能力有所關聯。做不好體重管理的人，很可能跟我一樣陷入負債累累的地獄。

如果你想避免這般困境發生，希望你每天量體重。

最近紀錄體重的「筆記減肥法」相當熱門，如果你開始採取這個方法減肥，保證有益身心。每天量體重的話，一定可以在增胖一至二公斤的時候就發現自己變胖了。減重十公斤很辛苦，但如果減的是一至二公斤，那就簡單多了。

建議你同時進行財務管理。

每天不只記錄體重數字，也要「記錄」金錢流向。不須特地準備家計簿。只須準備一本筆記本，將每天拿到的帳單或收據貼在上面即可。

如此一來，每日財務支出狀況便可以一目瞭然。當你發現今天多花了五百圓或一千圓，隔天自然就會節省支出。

希望你在債務茁壯之前開始自我管理，改造你的「體質」，轉型為儲蓄體質。

有關於記錄金錢流向的竅門，我將於第七章詳述。

懂得管理自己的瘦子，通常也懂得管好自己的錢包。

22 對部落格或社群網站不感興趣

「寫部落格，那是閒人才能做的事。」
「哪來的美國時間玩臉書。」
「每天忙得要命，都沒時間交朋友。」

埋怨工作忙碌沒時間交際的你，是否忽略了網路的力量？

不使用網路，如何拓展你的世界？

現在社群網站風行全球。不僅一般人著迷，從寫真偶像到總統，每個人都在PO文、聊天。

二〇一〇年七月底，日本推特網站的使用人數超過一千萬人。在三個月前，使用人數只有五十二萬人，其成長速度真是驚人。推特也製造了更多的邂逅機會。

初次見面的人除了交換彼此的手機號碼和電子信箱網址，還會詢問：「推特網站的帳號？」

但另一方面，也有不少人這麼想。

「上網聊天，那是閒人才會做的事。」

「我絕對不會上網聊天！」

「使用手機簡訊就夠了！」

（咦？怎麼還有人是這樣的想法？）

每當我聽到這些批評，都會打從心裡起哆嗦。

而且，這種現象不是只限於推特網站。從已經獲得大眾認知的部落格到「mixi」或「Facebook」等社群網站，有不少人因為「成見」而不願利用。

這些從未使用過的人應該無法體會，透過這些網站可以與多少人取得聯繫，而且「心靈」和「荷包」又可以變得多麼充實富足吧？

社群網站的優點就是，不用花錢就可以建立許多「加油團」。

比方說，你在推特發表以下宣言。

「我要減肥！三個月內要瘦五公斤！」

你的網站好友馬上就會傳來「加油！」、「我也在減肥，一起加油吧！」等的激勵留言。

如果你又在網路發表「今天做了五十下仰臥起坐」、「這一週瘦了兩公斤！」等內容，網友感受到你的熱誠，為你加油的人就會愈來愈多。

或許還會收到「這個減肥方法有效」之類的有利資訊。

支持者愈多，就能擴展人脈和錢脈！

這樣的效應不僅反映於我的減肥計畫。在自修準備認證考試時，我也得到了許多鼓勵。決定成為作家時，也有網友支持我。

社群網站就是可以呼朋引伴，建立自己「粉絲團」的網站。

這些網友時而溫柔，時而嚴厲，為快要陷入失望深淵的你加油打氣。還會送來你最需要的「重要情報」。

聽起來雖然有點老生常談，但一個人是成不了大事的。

相反的，人只要獲得了支持，努力受到認同，力量就會不斷湧現。人類天生具備了這樣的特性。

因此，如果你定立了「希望現在進行的企畫案成功！」、「我打算在一年內創業！」之類的目標，建議你善用社群網站，建立專屬的粉絲團。

容我單刀直入地說：**「當粉絲團變多時，收入很有可能也會增加。」**

舉我為例好了。透過六年前發行的電子報開始發送「IPO（Initial Public Offering）／首次公開發行股票）投資相關知識」，是促使我開辦投資講座的契機。

當時並沒有部落格或推特網站，而是電子報的全盛時期。

而且，很少有投資者會發送IPO資訊。我的電子報馬上吸引了大約一千名讀者，也就是說成立了粉絲團。

電子報是免費發送，但是我卻因為口耳相傳而成名。聽過我名字的人當中，有人邀請我舉辦演講。演講當然有演講費可賺。

若說粉絲團造就今日的我，一點都不為過。

「不曉得該在推特聊什麼」的人，什麼話題都行，就從身邊的話題開始吧！聊你的嗜好、喜歡的藝人或料理的事，全都可以。

社群網站不像電視或報紙那樣，只有被選中的人才能發表訊息，任何人都可以透過這個平台發表言論，絕對不是無趣的媒體工具。

當你有話想說時，隨時都可以上網聊天，而且話題不限。

更棒的是，社群網站沒有國度的限制，你可以馬上與身處某地的某人聯繫。想跟南美洲瓜地馬拉的美女做朋友，或認識有點壞壞的義大利中年大叔，都沒問題。

即使一天只上網聊天一次，支持你的粉絲團也可能日益變多。你原先認為無聊的職場話題，搞不好會引起熱烈迴響，甚至創造出新商機。

沒親自試過就因為成見而討厭社群網站，真是太可惜了！為了你的將來，現在開始挑戰看看吧！一旦透過社群網站拓展人脈，你的財產應該也會變多。

不要忽略人脈最神奇的複利力量。

第 5 章

需要整頓的人際關係

23 安逸舒服的公司會妨礙成長

「現在的工作不是很滿意，但待起來還算舒服，先這樣吧。」
「等我討厭現在的公司，再想跳槽的事吧。」
「其實我不想一直待在這間公司，但捨不得現在的同事。」
覺得現在公司還OK的你，為何還是會對將來不安呢？

感情太好的同事會妨礙你成長

上班族對於職場，會有哪些怨言呢？
收入或待遇當然是預期的答案，也有許多人對於「人際關係」多所抱怨。
公司是以人為網絡所形成的組織。如果人際關係不佳，工作品質當然會跟著降低。

以前我待過的補習班，同事間的感情非常好。

加班後，大家一起去喝酒。假日也會一起去賽馬場。生活的大半時間都跟同事度過，非常舒適輕鬆。

可是，像當時的我一樣**覺得「公司氣氛融洽舒適」的人可要提高警覺。這樣的感覺，很可能是造成一個人存不了錢的陷阱。**

人，如果沒有一定的自律能力，就會耽於享樂的生活。**待起來覺得舒服的公司，可能會阻礙你的成長。**

「儘管工作有所不滿，但同事間相處愉快，就忍耐不要跳槽了！」

「雖然想跳槽，但是和現在公司的同事相處很融洽。」

「等我討厭現在的公司，再想跳槽的事吧。」

如果你沉浸於那樣的「溫情」，將無法成長。

在我擔任補習班講師時的人際關係就如同大學社團，大家都很合得來。我們不是為了工作切磋競爭的夥伴關係，而是一起吃喝玩樂的親密關係。

多製造與外面世界接觸的機會

職場人際關係佳，當然是再好不過了。

但是，就算你與同事相處得再和樂，**還是希望你能多與同事以外的人交流。**瞭解外面的世界，你就能體會「社會是多麼廣大」、「人生是多麼深奧」。

我辭掉補習班講師的工作，繼承父親的保險經紀公司後，才發現以前的自己是井底之蛙，眼界太淺。每天幾乎都要出席跨業交流會，也因而結識各式各樣的人。

譬如，曾因事業失敗而想要自殺的人，最後從谷底翻身，成就一番事業，現在年收高達三千萬圓。還有，外表看起來光鮮亮麗的空服員，原來曾與病魔打了一場硬戰，最後戰勝疾病重回工作崗位。

類似的例子不勝枚舉，我聽了太多的人生故事，也接觸到各式各樣的人生觀。每個故事都讓我有這樣的體會——「人類啊，所擁有的能量遠比自己想像的大。」

當然，在吸收這些能量或知識的過程，也能夠讓自我成長。

每天都跟相同的人相處，絕對不會有驚喜的邂逅降臨。

此外，當我出版書籍，到全國各地演講後，我的人脈更寬廣了。我認識了投資者、攝影師、編輯、醫師、格鬥家、造型師、占卜師、空服員、DJ……已經多到數不清了。

收入也隨著認識的人數變多而增加。我可以大聲地說，這麼多的邂逅讓我成長，才有今天的我。我打從心裡感謝可以認識這麼多的貴人。

對了，之所以可以出版這本書，是因為某次出席跨業交流會時，坐在我隔壁的人剛好是出版界人士。

人生會因為某個偶遇而轉變。

你也要多認識新朋友，建立同事以外的人脈關係，才能讓自己成長。

眼界決定口袋的深度，你的能量將被各式的人生觀激發。

24 要記得換名片對象的臉

對於只交換過名片，
只知道姓名的人，
你會跟他洽談重要的生意嗎？
你能馬上想起手邊名片主人的臉孔嗎？

「狂發名片」是毫無意義的事！

如果想拓展同事以外的人脈關係，參加跨業交流會是個好方法。箇中好處，我已在前面的單元詳述過。

可是，**人多的交際場合，存在著一個「人人易犯的陷阱」。那就是狂發名片。**這麼做反而會縮小人脈。

曾經參加過跨業交流會的人，大概會覺得不可思議，想說：「奇怪？怎麼大家都忙著交換名片啊！」

能認識許多人當然是好事。既然參加了跨業交流會，如果還只跟固定的人士交往，就失去意義了。

但是，我希望各位記住一件事：**交換名片是「質」重於量。**

因為我有過失敗的經驗，才會這麼說。

有段時間我積極地去認識許多人，希望可以打開洽商之門。當時的野心比一般人還要強烈。

我不斷參加各場的跨業交流會，為了能跟所有出席人士交換名片，跑遍整個會場。因為忙著交換名片而四處走動，等交流會結束後，我都快要累倒了。但是，這些努力最後幾乎都是徒勞無功。當交流會結束時，我跟對方的關係也結束了，根本沒有製造出任何合作的機會。

傾聽對方說話有助建立信賴感

參加跨業交流會的行動本身並沒有錯。只是，跨業交流會並不是奧運會，如果「志在參加」，那就失去意義了。

當然也不是「能夠多發一張名片的人就是贏家」。

儘管如此，我剛開始參加跨業交流會時，卻只是一心一意地想「發名片」。

交換名片後，卻無法好好地跟名片主人交談。

還曾經忘了在宴會一開始就交換過名片的人的長相，等宴會進行一陣子後，又遞名片給對方，還說「初次見面」。

對方當然會不悅。我實在是太失態了！

想透過跨業交流會建立人脈，並如願洽商成功的話，一定得在很短的時間內建立「信賴關係」。

所謂的洽商，重點就是要賺錢。

對於只交換過名片，只知道姓名的人，你會跟他洽談重要的生意嗎？

只有知道對方是值得信賴的人，才會開始聊生意方面的話題。

交換名片是質重於量。勝負的關鍵不在於拿到的名片數量，而是能否贏得更多的「信賴」。

這個原則不僅適用於跨業交流會，平時交換名片或營業場合皆適用。

交換名片時，你有直視對方嗎？必須多與對方交談，回家後寫信給對方打招呼，才可以想起他的長相和談話內容。

首要之務是，建立對方的信賴感。能做到這些，你的新世界會自然而然地愈來愈寬廣。

人脈是靠信賴累積出來的，不是靠名片的數量。

25 只想接近現場的大人物不會成功

「只有接近大人物，才能抓住機會！」

即使覺得有些冒失，卻仍努力接近對方的你，

發現對方即使露出微笑，眼神卻很冷淡。

跟你一樣的人那麼多，他有什麼理由要對你另眼相看？

不懂得看人眼色的人不會成功

這是我參加故鄉工商協會所舉辦的跨業交流會時發生的事。出席的人士幾乎都是中小企業的老闆。當時的我一心一意想認識故鄉最知名企業的社長，也就是所謂的「交流會的中心人物」。

眼裡根本沒有其他出席者的存在，只想對現場最有權力的人獻殷勤。於是我排除萬難朝那位主角前進。

終於推開人群，對著那位人物遞出名片。

「初次見面！我是田口智隆！我是保險經紀公司負責人！希望您務必蒞臨本公司！」

對方看到突然衝到眼前的我，一臉訝異。

那時候如果再說些討人喜歡的話就好了。但我一心只想著「發名片」，加上還有其他的重量級人物在場。所以我沒再說半句話，馬上朝著下一位目標飛奔過去。

當時出席交流會的人一定覺得我是個「討人厭的傢伙」吧！

從珍惜「身邊人」開始

當時我以為，只要認識交流會的大人物，就能透過大人物的提拔讓自己成功。於是就像小鯊魚緊緊跟在大鯊魚身旁。眼光實在太短淺了，竟然有如此錯誤的想法。

出席這種場合，應該先跟周圍半徑一公尺範圍內的人交談，打好關係才對。

當你站在對方的立場想，就能明白這番話的道理。

在你身邊的人發現你不用正眼看他，只是一味巴結大人物，會做何感想？

「這小子，感覺很差。」

如果只是這樣就算了。可是，像這樣拚命發名片，並無法獲得身邊人的信賴。你只是發了許多張名片，卻無法獲得更深入的交往關係。

我從某個時期開始改變作風，首先努力與身邊的人積極溝通，盡量營造和樂融融的氣氛。沒想到竟然發生了令人驚奇的改變。

當交流會進行到最高潮的時候，透過已經熟識的身邊人介紹，我得以認識交流會裡的大人物。

雖然我沒有主動推銷自己，這位朋友卻代我說出心裡話，向那位大人物介紹我：「田口先生就是這麼有實力的人……」結果，即使是知名企業的社長，我也能順利建立人脈關係。

這個原則當然不只適用於跨業交流會，任何場合都行得通。

平常就要珍惜身邊人。當哪天你需要援助時，這些人自然會對你伸出援手。每天的用心可以創造小小的成功，總有一天這些小成功就會累積為大成就。

再龐大的人脈，也是從珍惜眼前人開始。

26 連點餐都沒意見的人無法學投資

「我都可以，隨便就好。」

「我也一樣。」

為了方便，你習慣這樣回答嗎？

有主見不是壞事，便宜行事反而可能壞了事。

老說「我也一樣」的人不值得信賴

在餐廳點菜時，會說「那麼，我也一樣」的人比想像中還多。當被問到：「要點什麼？」時，其實有很多人會回答「隨便」。

不過，如此回答的人可要多注意了。

你很可能會像我接下來介紹的故事主角，遭遇這般「悲慘」的情境。

故事主角是西田茂（三十歲・化名）。運動用品店店員。

阿茂是標準的草食男。他有個難以啟齒的紀錄——「已經五年沒交女朋友了」。終於在一個月前……他交到女朋友了！

今天是週日。阿茂與新女友約好要去看電影。

他比約定的時間早十分鐘抵達電影院。

約定的時間過了十五分鐘後，女友才跑著過來。「你等很久了吧？對不起～」面對一臉歉意的女友，阿茂很沒自信地笑了笑。

茂：「沒關係，我也是剛到而已。」

女友：「你想看哪部電影？」

茂：「我都可以。就看妳想看的。」

女友：「可是，你總有喜歡的類型吧？譬如動作片或喜劇片？」

茂：「不，看哪部電影都行。就由妳決定了。」

女友：「好吧……」

經過一番討論，女朋友選了她喜歡的電影。那是一部好萊塢動作片，說真的，並不是阿茂喜歡的電影類型。

兩個小時後，兩人走出電影院。

女友一臉滿足，身旁的阿茂一臉沒自信地陪笑著。

剛好肚子餓了，兩人決定到義大利餐廳用餐。服務生過來點餐時，

女友：「我點日式森林蘑菇培根義大利麵。」

茂：「那麼，我也一樣。」

女友：「……這樣啊！」

過了一會兒，義大利麵送來了。女友一臉不高興地開始吃起義大利麵。完全看不到看完電影後的興奮表情。

這次的點餐已經讓她的不滿達到「極限」了。

女友：「你很愛說『那麼，我也一樣』或『隨便』，簡直變成口頭禪了。」

茂：「是的。每當我猶豫時，就會這麼說。」

女友：「真受不了……」

茂：「妳說什麼？」

女友：「我最討厭沒有主見的人了！」

女友站起身來，然後揚長而去。阿茂嘴巴張得好大，右手一直握著叉子，整個人呆坐在椅子上。

溫順的他甚至不曉得自己為何會被討厭……

跟屁蟲永遠存不了錢

你的情況又是如何呢？在點餐時，是不是也會說：「那麼，我也一樣。」或「隨便」呢？

如果你老是這麼回答，下場可能像阿茂一樣悲慘。更慘的是，你無法擁有「想要的未來」。

「那麼，我也一樣」或「隨便」這類的話，乍聽之下讓人覺得你是個懂得協調的人，但其實你是毫無主見的人。

「不過是普通的點餐行為，這麼說未免太誇張了……」

或許你是這麼想；不過，一旦這樣的「思考習慣」常態化，你很可能會將人生大事的選擇權都委託給別人。

比方說投資好了。

在投資世界裡，一旦市場出現小小的不安因素，大家就會拚命「賣出」，許多人看到這個景象慌了，也跟著賣出。這類型的人總是在大家紛紛「買進」後，才遲一步地跟著買進。

「買低賣高」本來就是投資獲利不變的法則。如果你老是跟著別人走，永遠無法實踐這個法則。

等大家都採取行動後才追著跑，即使有許多人跟你一樣這麼做，你們也只能算是「反應最遲鈍的一群人」。

別人怎麼做，你就怎麼做。

看著別人的行動來下決定。

總而言之，「跟別人做同樣的事」，其實就是「你比別人慢了半拍」。機會當然因此溜走了。

採取不同於眾人的決定，才可以賺到錢。

因為「不同於眾人的行為」，等於「低競爭率」，成功率當然提高了。

當你面對任何事都能找出「自己的路」時，你與成功的距離自然更近了。

不過，並不是要你突然就做出重大決定。

希望你從小事開始練習，譬如點菜、假日租 DVD 等的身邊小事，來訓練你的「決斷力」。

不要跟著店裡的推薦菜單或電視特輯介紹隨波逐流，一定要憑自己的判斷來選擇。

決斷力是開啟成功理財之門的鑰匙。

27 別讓父母成為理財阻力

「不行啦，我爸媽不會答應我這麼做。」
總是對父母唯命是從的你，
有時會埋怨爸媽害你綁手綁腳無法大展身手。
其實，能夠綁住你的人，只有你自己。

許多人都有「理財」的煩惱

自從我出書後，接到許多讀者的電子郵件或明信片，提出各種諮詢問題。主要內容多與「理財」有關，但也有人問些微不足道的問題。

A：「我快要破產了，請您教我靠股票一夕翻身的方法！請您一定要救救我！」
田口：「你覺得這麼做好嗎？股票不是賭博。你應該先處理債務才對。」

B：「總之，我是個窮光蛋！我想在一年裡存到一千萬，該怎麼做才能達到目標？」
田口：「要在一年內馬上存到一千萬圓，恐怕辦不到。首先你應該重新審視金錢流向，想想如何創造薪水以外的第二份收入。」

C：「我想馬上辭去工作，靠投資賺錢。存款多少嗎？存款是零，這樣行得通嗎？」
田口：「行不通！你要先存到『本金』，才能談投資！」

我自認為已經盡量冷靜有禮地回答讀者的問題。

有一天，又收到某位讀者的電子郵件。

「我沒有存款，該怎麼辦才好？」

「又來了……」雖然我在心裡嘆氣，還是回了信。「我不瞭解你現在的詳細情況，無法給你任何建議。」

然後他又回信給我：「我想跟您面對面商談。」

我現在並沒有提供個人投資理財諮詢的服務。對於所有的面談，也一律拒絕。

可是不曉得為什麼，就是放不下這位讀者。

所以我指定了時間和地點，打算與這位讀者見面。

十年來一直是「月領三萬日圓」的模範員工

我比約定時間提早五分鐘抵達咖啡店，走進店裡的當下，與坐在入口附近的一位青年四目相對。他立刻轉移視線，但馬上又一臉難為情地望著我，有點不知所措地向我打招呼。

「您是田口老師嗎？那個，我是高木。讓您特地跑一趟，真是過意不去……」

當我走到座位旁，高木趕緊站起來，對我深深一鞠躬。

（應該是位彬彬有禮的好青年吧？）

我心裡這麼想著，將他從頭到腳打量一番。

年紀應該是二十七、八歲。穿著一件藍色格紋法蘭絨襯衫，搭配駝色斜紋棉長褲。身高約是一百七十五公分。

身材纖瘦，膚色白皙，感覺有點弱不禁風。不過，髮型卻是工匠式的「平頭」，與他的外表格格不入。

當我坐下來，他還是一樣地慌張失措。

在咖啡送來前的等待時間，我先開了口。

田口：「對了，你是因為存不到錢，感到困擾嗎？」

高木：「啊，是的……」

田口：「你的職業是？」

高木：「我在餐廳上班。」

田口：「喔，這是很好的工作呢！在這個時代，能擁有一技之長很吃香。」

高木：「啊，真的嗎？」

田口：「當然是真的。對了，薪水多少？」

高木：「因為我還是學徒，所以……」

田口：「啊，那麼你是剛入行的廚師了？」

高木：「不，不是那樣。我高中畢業後就在這一行打滾，已經十年了。」

田口：「咦！那你不就是資深廚師？可是，怎麼說還是學徒呢？」

高木：「嗯……。是的。」

田口：「容我問些私人問題……。你為何當了這麼久的學徒呢？」

高木：「其實，我工作的餐廳老闆正是我的雙親。」

田口：「原來如此，你在父母的店裡工作。要成為獨當一面的廚師，確實需要滿長的時間磨練。那麼，你的薪水多少？」

高木：「我的月薪是三萬日圓。」

田口：「什麼？」

高木：「是的，就是三萬日圓。」

田口：「這是一個月的薪水？」

高木：「沒錯。我現在每個月存五千日圓，但是實在存不到錢。」

田口：「這樣啊！月薪三萬日圓……。可是，你還能存錢，很棒呢！」

高木：「我該如何做？才能夠存到更多的錢？」

田口：「首先，你一定要提高薪水。薪水只有三萬日圓的話，就算想存錢也辦不到。你也工作十年了，跟令尊商量一下，請他幫你加薪。這是第一步。到目前為止，你曾經跟令尊商量過嗎？」

高木：「我們從未談過關於薪水的事。」

田口：「一次也沒有？」

高木：「是。」

田口：「為什麼？」

高木：「我覺得父親一定不會答應，而且談那種事也很麻煩……。所以就『算了吧』。」

田口：「這樣子不行啦！請你今天回家立刻找令尊商量。如果他不願意幫你加薪，到別家店工作也行。反正你是有經驗的廚師，不怕找不到工作。你可以辦到吧？」

高木：「啊，是……。我會跟父親溝通看看……」

我看了時間，諮詢時間約是二十分鐘。

在道別的時候，他遞給我裡頭裝了一萬日圓的信封。他低頭鞠躬說：「請您務必收下。」可是，我將信封退還給他，趕忙離開那間咖啡店。

我怎麼可以收他的錢。

一萬日圓可是他三分之一的薪水呢！

親子關係是人生中最重要的人際關係

從這個故事，我獲得兩項啟發。

第一個就是，**想存錢的話，一定要擁有「努力一點就可以存到錢的收入」**。

高木先生住在家裡，不須支父母房租或餐費，但是薪水只有三萬日圓，實在很微薄。就算他如何節省，還是存不到錢。可是，他卻能每個月存五千，真是奇蹟。

即使你的情況不像高木先生這麼糟，如果薪水很低，我建議你最好想辦法賺得第二份收入或換工作，一定要讓薪水變多。

如果收入太少，根本無法讓本金變多。總之，就是永遠存不到錢。

第二個問題點是，**對雙親唯命是從**。

在孩童成長為成人的階段，親子關係可以說是我們人生中所面臨的第一個「人際關係」。這個階段的人際關係是否順利，會影響往後的人生。

連我繼承家裡的保險經紀公司時，也經常頂撞父親。

但是，因為這樣我們兩人才可以經常溝通，從爭執中磨合，儘管花費很長的時間才贏得父親的認同，我也因此變得更有自信。

像高木先生那樣，甘願每個月只領三萬日圓，還能工作十年的例子，應該是少之又少。

如果高木先生不怕與雙親起摩擦，勇於溝通的話，就可以更早為自己加薪。因為他即使只有三萬日圓的薪水，還能每個月存五千。如果薪水跟一般人一樣，一定能存到更多的錢。

聽雙親的話當然很重要。可是，老是對雙親言聽計從，恐怕無法真正獨立。誠懇地與雙親溝通，建立新的親子關係也很重要。各位，覺得如何呢？

想存錢，除了努力，也要為自己爭取權益。

28 要用心記住別人的名字

「陳先生您好。」
「抱歉，我姓王。」
「不好意思，一時口誤。哈哈。」

不將別人放在心上，又怎能期望別人把你放在眼裡？

「名字＋問候」是鋼鐵王的成功關鍵

有些人老是會叫錯別人的名字，不然就是記不住別人的名字。他們叫錯名字時，會很不好意思地鞠躬致歉。

「我的記性不好……」

其實，這句話不過是藉口罷了。

如果有人對你說：「現在開始，我會講出十位數。請記下來。如果能一字不差正確複誦，就可以得到一億圓獎金。」你一定會拚命記住。

記不住別人的名字，是因為你沒有想記住的那份意願。

為何我會提到這個話題？因為我發現，能存錢的人記名字的能力都很強。

據說，知名的美國鋼鐵大王安德魯・卡內基（Andrew Carnegie）只要聽過一次別人的名字，一定當場牢牢記住。

他不只記住所有生意夥伴的名字，連家裡的幫傭、家庭教師的名字都記得一清二楚。聽說他每天早上都是「嗨，○○先生早！今天也請多多關照！」，直呼對方名字打招呼。

幫傭聽到主人叫自己的名字，當然心花怒放。

高不可攀的大富豪竟然記住自己的名字，還跟自己打招呼，這是多麼榮幸的事。這時候幫傭心裡一定是這麼想的：「為了卡內基先生，我一定要努力工作！」

或許因為這樣的作風，卡內基才能贏得全球人士的尊重，成為一代富豪。

事實上，**叫出對方名字的行為可以發揮莫大的心理作用。**

當別人叫自己的名字時，我們會認為：「我在對方心目中是有分量的。」

任何人知道自己被認同，都會非常高興。對於認同自己的那個人，自然而然地會有「能不能為他做些什麼」的想法。

只要記住名字稱呼對方，大家都會變成你的朋友。

記住別人名字是強化貴人運的捷徑

我聽了卡內基的故事後，也開始努力記住別人的名字。

其實，在剛接管保險經紀公司業務的時候，總是無法將每天見面的客戶長相和名字兜在一起。還曾經因為把田中先生叫成「中田先生！」，而錯失簽約的機會。

所以，我一直在錯誤中學習，希望能找到記住名字的好方法。

最有效的方法就是在交談時，一直稱呼對方的名字。

交換名片時，就說「能認識××先生，這是我的榮幸。」、「請問，××先生的職業是……」、「我希望最近能有機會再見××先生一面。」總之，就是要製造機會喊出對方的名字。

這是記住對方名字最有效的方法。而且在交談時不斷稱呼名字，對方也會覺得很有親切感。

記住別人的名字，也可以壯大你的「加油團」陣容。

自從我記住對方的名字後，彼此的交談變得很順利，業務也能成功達成。想成功的話，絕對需要別人的協助。光是記住名字就能讓人生變順遂，世上恐怕找不到比這個更省錢、更簡便的方法了。

為了下一次的見面，建議你先將對方的特徵記錄在名片角落。

「個頭矮胖，像哆啦A夢的體型。」

「紅色領帶讓人印象深刻。」

這麼做的話，就可以留下更鮮明的記憶。下次遇到對方時，如果你說：「之前你好像打了紅色領帶。」交談一定會很順利。

認同別人，是得到他人認同的最佳捷徑。

第6章

整理力
就是理財力

29 你的檔案是否塞爆電腦桌面？

你的電腦桌面，現在看得到背景圖片嗎？

「別擔心，所有事情我都記在腦袋裡了。」

別忘了，電腦是靠人腦操作的。

你的電腦桌面，正是你腦袋裡思路的縮影。

常用電腦的人，不代表擅長整理？

最近在咖啡店常會看見拿著小型筆記型電腦，隨時隨地都在工作的「遊牧工作者」（Nomad Worker）。對於平常不會拿著筆記型電腦四處奔走的我而言，這些人非常特別。不曉得為什麼，我覺得這樣的人好酷。

可以邊喝咖啡，還能單手俐落地敲打鍵盤。

如果手機響了，他們會用肩膀夾手機，雙手繼續敲鍵盤。還能跟手機另一端的人交談：「是的，關於那件事。如果可以的話，我現在馬上送提案書過去。」

我真的很崇拜這樣的人。

每當我在咖啡店看見動作俐落打電腦的人，不管對方是男性或女性，我都會盡量選擇附近的座位。然後觀察對方的工作情況。

啊！說到這裡，搞不好會有讀者以為我是變態。在此聲明，我絕對不是偷窺狂。只是很羨慕遊牧工作者的工作態度。

可是，也曾遇過讓我失望的例子。因為我看到對方的電腦桌面被檔案塞爆了。

根據我過往的經驗，**電腦桌面塞滿檔案的人通常就是「存不了錢的人」**。

「做事敏捷卻不擅整理」的男子的悲劇

我的女性友人K小姐剛到保險經紀公司任職時，在研修中心認識了工作能力很強的男性保險外務員A先生。

我與A先生只見過幾次面。他的簽約件數經常是第一，還是位帥哥。深得客戶信賴，也是同事眼裡的英雄人物。

A先生非常照顧剛進入這一行的K小姐。他告訴她：「有任何不懂的地方，可以問我。」還說：「我覺得這個資料值得參考，妳最好看一下。」經常使用電子郵件傳送資料給K小姐。

K小姐好像也對A先生頗有好感。

女同事們只要一談起A先生，就會眉開眼笑地說：「A先生能力好，個性又體貼，真是完美男人！」

可是，有一天糗事發生了。A先生和往常一樣，打算寄資料給K小姐參考，寄出的資料檔竟然是性感大姊姊的全裸影像檔。

「因為電腦桌面的檔案太多了，才會搞錯寄了裸女影像檔給妳。」

雖然A先生做了這樣的辯解，但為時已晚。

這是何等失態的事啊！

記得當時我一邊回想著A先生的電腦桌面，語帶同情地對自己說：「他的電腦桌面確實塞滿資料。」

不用說，K小姐對於A先生的美好幻想，就在一夕間破滅了。

後來大家好像都在抨擊A先生，過沒多久他被調到地方的分公司。根據八卦消息，公司是以「錯將客戶個人資料外洩」的理由，下達調職命令。

這是A先生的故事。也許他又像誤傳裸女影像檔那樣，搞錯文件，將重要的個人資料檔案外洩……

電腦桌面象徵主人的頭腦內容

請你現在馬上檢查自己的電腦桌面。

是不是檔案已經多到看不清楚桌布圖案了呢？

是否有一堆檔案雜亂無章地塞滿整個桌面？

當你想找資料時，是不是要從頭到尾一個個看，才能找到資料呢？

如果是這樣的情況，小心A先生的故事在你身上重演。

電腦桌面確實是個方便暫放檔案的地方。

建立資料檔後，可以「先」擺在桌面。當桌面資料檔只有三、四個，要搜尋時自然是一目瞭然。

但是，當資料檔增加到十個或二十個，光是找出想要的資料檔，就得花不少的時間。如果沒有依資料夾種類歸檔整理，當你想要某份資料時，就無法馬上打開檔案，工作也無法順利進行。更有可能哪天犯下無法挽救的失誤。

電腦桌面塞滿資料檔的人，他的腦袋一定也是亂七八糟。

為了不跟A先生犯一樣的錯誤，在整理電腦桌面的同時，也要清理你的腦袋。如此一來，工作自然會順利進行，贏得他人信賴，還能加薪存到錢。

看到這裡，如果你的反應是「真麻煩」，這一生將永遠無法與錢結緣。即使這樣，你也無所謂嗎？

在此介紹幾招整理電腦桌面的訣竅。

首先要製造電腦桌面以外的「儲存場所」。

如果是Windows，本來就有「我的文件」等資料夾。除了這些，你也可以自己製造專用資料夾。總之，「檔案一定要存檔在這些資料夾」。

整理過後，桌面只會剩下「捷徑」（Shortcut）。

電腦桌面不是擺放檔案的場所，它只是方便你打開檔案的連結工具擺放場所。若是Mac，稱呼這個功能為「建模」（Alias）。

首先，建立連結各資料夾的捷徑。只有使用率高的檔案需要另外建立捷徑。

還有，儲存檔案時，一定要做好「資料夾分類」。

同一個企畫案的檔案可以儲存於相同的資料夾。這樣就可以大幅縮減搜尋檔案的時間。大致上來說，不擅長整理的人，根本從未想過要將資料夾分類。

接下來，就是依你的自己的風格來建立「檔案名稱」。

不論 Windows 或 Mac，基本上檔案名稱是依筆畫順序排列。只要在建立檔名時花點心思，就能讓畫面一目瞭然。

我認識的某個朋友，建立檔名的原則是前半部為企畫名稱，後半部則是與內容有關的文字。譬如，「Z 公司 Project_ 估價表 .doc」、「Z 公司 Project_ 估價表 .xls」。

如此一來，只要看到檔名，就可以馬上知道是何內容。

管好自己的大腦，才能管好自己的錢。

30 總是捨不得丟棄身邊物嗎？

冰箱塞滿疑似過期的調味料，
塞爆書櫃的書，想再讀一次的不到十分之一，
捨不得丟掉花了大錢購買、現在卻沒在穿的過時衣服，
你的日常空間，正被這些食之無味棄之可惜的「雞肋」侵蝕。

「丟棄」與「儲蓄」的不可思議關係

在我終於可以只靠投資獲利過活的過程中，察覺到了某個有趣的法則。
我發現**「丟棄不用物品」的行為與「儲蓄」有著密切關係**。

在我「零存款」、「負債累累」的時期，房間裡堆滿了「物品」。

衣櫥裡掛了好幾套名牌西裝，T恤和襯衫更是多到數不清。色彩鮮豔、頗有小混混味道的花領帶超過五十條，腰帶超過十條，鞋子和帆布鞋幾乎塞爆整個鞋櫃……。

打開抽屜，裡面塞滿了筆。也有很多的贈品原子筆。因為實在太多了，就算看到原子筆上面印刷的公司名字，也不曉得這間公司在做什麼生意。

洗臉台擺滿了男性化妝品的試用品。冰箱也塞滿食物。光是調味料架，就擠滿了和風、法式、義大利式、中式等各種調味罐。

更誇張的是，書櫃的書超過一千本。旁邊擺滿了塞不進書櫃的書，堆得像座小山。情況已經嚴重到快要雪崩了。

以前我的房間可以說是「毫無立足之地」。儘管如此，背著一身債的我還是從未有過「丟棄」的念頭。

「也許有一天會用到。」

我一直這樣告訴自己。而且，還毫無反省地拚命刷卡購物。東西愈多，債務也愈多。

住在這樣的房間，當然不可能有愉快的心情。即便如此，我還是不准別人幫我整理。

連女朋友想特地幫我整理，我也拒絕：「請不要碰我的東西！妳幫我整理好了，我會找不到。」兩人還因此起了爭執。

其實我早就不曉得哪個東西是擺在什麼地方。結果，試著自己動手「整理」時，卻因為捨不得丟掉，只是將所有東西塞進早已擠爆的衣櫥裡，只求眼前乾淨。

努力確實值得，至少看起來整齊又美觀，女朋友也很高興。

然而，一星期後——我的房間又恢復「毫無立足之地」的原貌。看到這番景象的女朋友，當然是氣炸了……

「重新排列」和「整理整頓」是兩回事

所謂的整理，並不是排列整齊。而是整理自己「需要的物品」，要用的時候馬上就能找到。

因此，首先你必須辨別哪些是「不要的東西」，然後全部丟掉。

不丟東西，就無法進入整理整頓的階段。如果你老是捨不得丟東西，那你絕對缺乏辨識能力。

為了培養辨識能力，首先你要面對自己，重新審視眼前的狀況。

我的情況，就是面對自己「負債累累」的現況。

為了還錢、存錢，我搬到朋友以低價租給我的房子。利用這次搬家機會，將不會用到的名牌西裝、鞋子等物品全部上網拍賣。

以前堆在地上滿滿的書，也全部賣給附近的二手書店。新居雖然只有八疊大，卻覺得空間很寬敞。我當然沒有再買新東西，只顧著要趕快還清欠債。

隨著時間的經過，我的房間越來越乾淨，債務金額也隨著房間的乾淨程度遞減。當我還清所有債務時，存款額也確實提高了。

有人可能會說「待在凌亂的環境比較安心」。不過，這根本是在逃避現實。因為你不想面對整理過後，呈現在眼前的「事實」。

當初房間髒亂的時候，我也一直對負債的事實視而不見。

通常一年之內不會用到的東西，往後數十年也不會用到的可能性很高。就算會用到，也只是一次或兩次而已。

這時候，就大方地丟棄吧！像我一樣把東西上網拍賣，不僅達到整理效果，又能有進帳，真是一舉兩得。

打造嶄新人生的第一步，就是周遭物品的「斷捨離」。

31 有每次都買相同的商品的習慣

書店隨手翻閱的雜誌，買回家卻很少翻開看，
同種類的衣服塞買衣櫥，常穿的就只有那幾件，
最可怕的是，買回家才發現其實家裡已經有同樣的東西。
好不容易賺來的錢，就在這些無意義的消費上流失了。

等到察覺時，衣櫥裡竟有六件 UNIQLO 毛衣……

在我負債累累的時期，有個老愛買相同商品的壞習慣。
「我要買這個。」
「剛好用完了。」

「我沒有這個東西。」

基於這些理由將東西買回家後，才發現家裡已有相同花色的衣服、文具或食材，這種事屢見不鮮。

譬如 UNIQLO 毛衣，等我察覺時，才發現同樣款式買了六件。我忘記去年買過了，到了冬天又會再買一件。

有藍色、紅色、米黃色、橘色、黑色和白色……

連我都覺得自己無藥可救，已經可以在家裡辦一場「個人服裝秀」。真是典型的浪費狂！

你是不是也有類似的經驗？

到書店就拿起漫畫或最新出刊的雜誌，然後拚命翻頁，看起來似乎有在閱讀，又像是隨手翻翻。

你最後還是買了那本書，可是卻未再翻閱，那本書就一直擺在家裡……

這種行為當然是浪費的象徵。**不只浪費錢，更可怕的是「記不得自己是否買過」的購物方式。**

如果你不想成為暴殄天物的人，絕對不要養成那樣的購物習慣。

只保留「常用物品」就夠了

之所以老是買相同的東西，是因為你不清楚自己擁有了哪些東西，也就是無法掌握自己的財產狀況。當然就不曉得該如何「整理」。

我在前面已提過，首先將全部物品依「需要」和「不需要」做分類。不需要的就要乾脆地予以處分，需要的則妥善收納。

以我為例，每一季的衣服只須保留數件就夠了，

或許你會說因為我是男人，不需要太多衣服。可是，只要有幾件不同款式的單品，就可以互相搭配，維持整齊的儀容。

你或許有好幾十件衣服，但是常穿的**「日常服」**應該就是那幾件吧？

其他**「不常亮相的衣服」**，最後不過是衣櫥的儲藏品罷了。

基本上一件物品是否有用，與「功能性」有著密切關係。確定毫無功能的物品，就算留在身邊也不會用到。

請你審視自己的房間。

比方說餐具櫃。好好觀察櫃裡的餐具，想想每個餐具的功能。是否所有餐具都有

其用處？

自己的餐具、客人的餐具、湯缽、麵缽、炒菜盤、生魚片盤子、取生魚片用的小碟子、冷飲用餐具、熱飲用餐具……。

能夠讓你馬上想起功用的餐具，就是有用的物品。以後這些餐具也會經常亮相。可是，實在想不出有何功用的餐具就是不用的物品。因為以後再也不會用到，就趁這次的整理機會讓它們永遠退休吧！

只留下常用的物品，萬一壞了或遺失，便可以馬上發現。就像衛生紙或洗碗精用完時，你會告訴自己「明天下班時順便去補貨吧」。

這個方法不只限於餐具。衣服、鞋子、日常用品，甚至廚房調味料都適用。

當你以這樣的態度生活，「記不得自己是否已買過」的購物行為一定不會再出現。

清楚知道身旁物品功能的人，才能掌握金錢的流向。

32 緊急的時候卻找不到能派上用場的名片

勤跑客戶拿到了堆疊如山的名片，
「等哪天有空時，再一次好好整理吧。」
你經常抱著這種想法嗎？
「改天再做」的想法，會讓你錯失重要的商機。

丟了名片，等於失去了「未來客戶」

松田俊夫（三十二歲．單身）是汽車經銷商業務員。他是「標準胖子」的體型，即使冬天在外面跑客戶，還是會汗水淋漓。

時間是傍晚六點。拜訪完客戶的俊夫頂著一身汗回到了營業處。他還有工作待做。

必須寫問候信給曾拜訪並交換過名片的客戶。

本來拿到名片就應該立刻寄出問候信。但是，俊夫卻一拖再拖。慢郎中的他今天終於有了「回寄問候信」的意願。

但是，當他拿起辦公桌上捆成一束的名片時，頓時露出困擾的表情。

「奇怪？怎麼會這樣？這張名片怎麼這麼舊……」

幾天前，俊夫不小心把那捆名片弄掉在地上。這一掉也把名片順序弄亂了。

「討厭，這樣就不曉得哪些人該寄問候函了！」

俊夫搖晃著肥胖的身體，不甘願地一邊嘆氣，一邊檢查每張名片。那捆名片起碼有一百張。

俊夫憑著回憶，選出需要寄問候函的名片，一轉眼已是晚上八點。

「肚子好餓，明天再寄問候函好了！」

說完，俊夫將已經選好的二十張名片再放回那疊名片上。然後起身，離開了辦公室……

這樣的俊夫將會失去幾位「未來客戶」呢？

在商場上，名片當然是不可或缺的工具。**不會整理名片的人會在必要的時候無法與**

重要人物取得聯繫，於是喪失了商機。也就是失去了讓存款增加的機會。

請容我再問一次，你會如何整理已到手的名片？

依業種分類收納於名片夾？

還是依筆劃順序擺在名片盒裡？

或是歸檔在方便的轉動型名片盒？

抑或跟俊夫一樣，使用橡皮筋捆成一束？

哪個方法都行。**決定你喜歡的名片分類法，將名片妥善分類，以便需要的時候可以馬上取出那位人士的名片。**

做好名片管理，要用時才能立即派上用場

我每個月透過演講、研習會、讀書會認識了許多人，也拿到許多名片。每個月認識的人約有一百人。

如果使用名片盒保管，一定很費事。

所以我先用橡皮筋將拿到的名片捆起來，再於上面貼著「日期便箋」，譬如「二〇一〇年十一月」。

還會在每張名片背後註明收到名片的日期和地點。如此一來，就算名片一大捆，也

可以馬上重新分類。我在前面提過，會在名片背面記下「主人的特徵」。

這個備註作業如果等到累積好幾十張名片才做，當然很辛苦。不過，若能在每次拿到名片時就進行，根本花不了多少時間。

如果你凡事都是「堆積匯集後再整理」的話，註定會失敗。養成每天一點一滴處理的習慣，非常重要。

在分類名片的時候，自然會挑出「約好下次再見面的人」，這時候就將這張名片歸檔於名片夾裡。我是依「出版」、「股票」、「研習會」等類別來歸檔名片。

未被歸檔在名片夾裡的名片，就是沒有約定再見面的人的名片，則使用橡皮筋捆好，擺進紙箱保管。

紙箱裡的名片我會先保管兩年，確定不會用到，就將這些名片處分掉。名片屬於個人情資，我會先剪碎再丟掉。

「身邊只放必需物品。」

「用不到的物品就要丟掉。」

當你養成這個簡單的習慣，工作整理能力、家事整理能力都會跟著提升。現在的你有遵守這個原則嗎？

機會是不等人的，隨時做好準備的人，才能緊緊抓住機會。

第 7 章

財務管理的關鍵

33 別把公司薪水當作是唯一的收入來源

「投資？景氣不好，能保住工作就要偷笑了。」

「創業？上班族哪來的資金跟時間？」

因為害怕風險不敢有「非分之想」，

你有自信將來能靠公司的薪水養老嗎？

只仰賴薪水，你的人生將被公司綁架！

除了公司的薪水所得，你還有其他收入管道嗎？

如果沒有其他收入管道，你將永遠被公司綁架。就算對公司不滿，也不敢離職，財富永遠無法自由。

只領公司的死薪水，能存多少錢大家心裡有數。

我實在很不想扯到景氣太壞的話題；不過，你現在的薪水和獎金應該是持平，有時候甚至是減少的狀況吧？不論薪資或獎金，未來調漲的機會相當渺茫。

在如此惡劣的環境下，如果希望財富自由，方法就只有創造「多重」收入管道。即使你的公司禁止兼差，就算本業再忙，還是可以增加收入管道！就從不會妨礙本業，而且門檻低的類型下手。

譬如，試著將不用的身邊物上網拍賣。這是讓你擁有不錯業外收入的第一步。

「現在進軍網拍市場，會不會太遲了？」

或許你會這麼想，但可別瞧不起網拍。尤其是「雅虎拍賣」，有人只靠這個網站就賺了不少錢，許多人利用這個管道謀生。

當我立下「經濟獨立」的目標後，便順手將不用的東西賣掉。

不穿的衣服當然要賣掉，連CD、DVD、股東優待券、以前蒐集的紀念票、紀念郵票、不用的輪胎也上網拍賣。有些東西被不斷加價，最後以意想不到的好價錢賣出。

如果你「從未利用雅虎網拍賣東西」，不妨嘗試自己拿個東西上網拍賣吧！

有過經驗後，你就能瞭解網拍系統，也可以查知哪種商品的銷路佳。

即使是小型副業，跨出第一步最重要

也可以嘗試投資股票。你可以創造「股利」這項副收入。如果購買的金融商品種類多，副收入也會跟著變多。

但是別忘了，投資絕對伴隨風險。不過，如果你是「長期持有」，應該能建立相當穩定的副收入來源。關於這項投資工具，我將於下一個單元詳談。

「電子報」是讓我創造多元副收入管道的契機。就如前面所言，我將投資IPO的相關知識寄給讀者。電子報是免費訂閱，但透過讀者們口耳相傳，讓我有了演講的機會。

仔細回想，之所以能夠出書，就是有人看了我發行的電子報邀我出書。現在光靠資產所衍生的獲利收入，就可以過著無憂的生活。

我並非特別人物。**只要懂得掌握現況，努力吸收理財知識，並付諸行動，機會就會降臨在你身上。**

我有位熱愛攝影的朋友將自己所拍的照片登在網路販賣，一張照片的售價高達數千圓。因為反應很好，最高一個月可以有好幾萬圓的進帳。

你應該也有能成為「副收入種子」的潛質。請務必找出來。

不過，在便利商店打工的單純勞動工作不在此列。這份兼差的收入跟領薪水一樣，沒有任何發展性。

必須找出透過販賣創意或專業知識賺取副收入的方法。就算一開始收入微薄，只要持續嘗試學習，大筆進帳的那一天絕對會到來。

能存到錢的人就是願意按部就班、腳踏實地努力的人。

當你有了額外收入進帳，便能以加速度累積存款。我深刻覺得，收入多元化就是「擁有財富自由的捷徑」。

創造自己的額外收入，別讓死薪水綁住你的人生！

34 害怕「投資會賠錢」的想法會永遠賺不到錢

「〇〇就是因為股票虧了一大筆錢！」
「與其把錢拿去投資，還是放在銀行裡比較安心。」
沒錯，投資確實伴隨著風險。
為何有錢人還是異口同聲說：「投資是致富的不二法門」呢？

投資就是買資產

每當我宣傳投資的好處時，多數人會有以下的反應。
「我對投資也有興趣，但很怕因投資而大賠錢。」
「投資全靠運氣。跟賭博沒兩樣。」

「也有人透過投資做壞事，我對投資沒啥好感。」

我懂大家的心情。箇中的苦處我完全能體會。

在我年輕時也認為「投資就是賭博」。

當時我對投資毫無興趣，看著熱愛投資的父親，經常以懷疑的語氣問他：「投資那種東西到底哪裡有趣呢？」

然而，在我遇見了一本書後，想法有了一百八十度大改變。

這本書就是暢銷書《富爸爸，窮爸爸》（*Poor Dad, Rich Dad*），羅伯特・清崎（Robert T.Kiyosaki）、莎朗・萊希特（Sharen L. Lechter）著、繁體中文版由高寶出版社出版）這本書以外行人都看得懂的淺顯語言解釋「致富之道」。應該有許多人都讀過這本著作。

書中「資產就是能把錢放進口袋裡的東西，負債就是把錢從你口袋取走的東西。」、「如果你想變成富有，只要不斷『買入資產』就行了」等幾句話，讓我恍然大悟。

所謂資產是指股票或不動產之類，「放著不管也會生錢」的東西。即使時勢變動，即使你沒有犧牲自己付出勞力，資產依舊能為你製造收入。

可是許多人很惶恐，而且以為「購買資產＝投資」。因為一旦投資失敗，就有失去財產的危險。

不過，《富爸爸，窮爸爸》有這麼一段能讓你掃除恐懼的內容。

「投資不會讓人陷入危險。理財知識不足才會讓人陷入危險。」

換言之，只要積極吸收理財相關知識，就可以大幅降低賠錢的投資風險。

投資知識愈豐富，風險愈低

為了讓大家稍感放心，我也接觸了可以降低風險的投資方法。比方說，「美元成本平均法」（Dollar Cost Averaging）。

大家都知道，股價是每日波動。一月市價一股值五百日圓的A公司股票，到了二月可能變成四百日圓。

假設你每個月的投資本金是五萬日圓。

採用美元成本平均法來投資的話，你持續每月以五萬日圓買進A公司股票。

＊採用美元成本平均法買進股票時：

一月……五萬日圓 ÷ 五百日圓＝一百股

二月……五萬日圓 ÷ 四百日圓＝一百二十五股

※一、二月你共投入十萬日圓資金，買進二百二十五股（一股成本相當於四百四

十四．四日圓）

美元成本平均法就是每個月以這個固定金額自動扣款，自動買進股票。這也就是所謂的「零股定存」。

如果投資金額不固定，而每月又固定買進相同股數，又是何種情況？

＊每個月買進相同股數時

一月……五百日圓×一百股＝五萬日圓

二月……四百日圓×一百股＝四萬日圓

※投資金額九萬日圓，買進兩百股（一股成本相當於四百五十日圓）

經過比較後，採用美元成本平均法買進股票的話，每一股的買進成本較低。

感覺好像施了魔法，不論股價上揚或下跌，採用美元成本平均法買進，確實可以降低風險。

我並不是想特別強調「使用美元成本平均法買股票絕對安全！」的想法。而是希望大家瞭解，雖說投資是一種博奕行為，但其中確實蘊涵著許多合理的專業知識。

學習這些投資知識，然後加以活用，絕對不會有風險。

若以開車比喻投資，應該更淺顯易懂。

只要在駕訓班學會基礎技巧與知識，再經過日後的經驗累積，開車絕對不危險。

如果你無駕照卻硬要上路，或對自己的技術過於自信而恣意飆車，只會帶給眾人不幸而已。

成功不是偶然，投資的第一步，就是增進自己的理財知識。

35 絕對不要動用信用卡的「循環利息」

循環利息真是太方便了！
每個月只要繳最低金額，
就能一直買想要的東西！
有這種想法的你，無疑是信用卡公司眼中的大肥羊！

「循還利息」的可怕之處，就是讓你毫無「借錢」的感覺

我有一段時間每晚造訪高級俱樂部飲酒作樂，身上穿的全是高級名牌的衣服和鞋子，處於「個人泡沫經濟」狀態。

雖然坐領高薪，但完全不夠花。賺的錢全花完了，還動用到信用卡的「循環利

息」。

什麼是循環利息呢？比方說設定「每月還款額是五萬日圓」，每個月只要還五萬日圓，不需要再額外還款。

每個月只還固定金額，欠款額度當然是愈來愈多。加上我每個月都只還最低應繳金額，還款期也跟著延長。

而且，因為每個月只還固定金額，導致我脫離現實。最後簡直把信用卡想成只要揮一下就會跑出錢的魔杖，無論何時何地，或跟誰在一起。只要缺現金就動用循環利息。

「循環利息太棒了！」

「我最愛循環利息！」

「循環利息真是偉大的發明！」

等我察覺時，整個人整顆心都成了循環利息的「俘虜」。

就像是被滿嘴甜言蜜語的壞女人所誘，把自己搞得身敗名裂的可悲男人……

循環利息當然是一種借款行為。

每個月超出繳款金額的花費，最後都變成借貸金額不斷累積。加上還款期限一再延期，利息就像滾雪球般一直在增加。

通常一張信用卡的使用額度約為一百萬圓。我當時手上有好幾張信用卡，全都動用額到循環利息。合計所用的金額，高達五百萬圓。這是不變的事實，但我當時卻完全沒有察覺到情況已是如此糟糕。

雖然欠款五百萬圓，因為我每個月只還二十萬，才會毫無察覺。即使已欠下龐大債務，卻還在使用信用卡提領現金，都是因為沒有「負債累累」的自覺才會一錯再錯。

雖說每個月還二十萬圓，其實多數是用來還利息。本金根本沒有減少。還多了新的債務。

循環利息會麻痺一個人的欠債意識。

還利息就是在減少資產

如果你的存款比借款多，不如乾脆「一次還清」。如此一來可以縮短還款期，也就能降低利息的支出。

「可是，我的存款是緊急預備金……」

現在不是未雨綢繆的時候。可是「緊急」的時刻。

假設你現在的債務是三十萬圓。

同時銀行裡也有三十萬圓的存款。

現在銀行的存款利息只有〇・一％。即使將三十萬圓存在銀行裡從不動用，每年也只能領到三百圓的利息而已。

就算錢繼續存放於銀行，還是不會變多。

另一方面，假設循環信用的利息是一〇%，每一年就會增加三萬圓的負債。如此看來，你的資產根本是在減少。

・存款增加的額度……幾乎等於零

・循環利息增加的負債……每年是一〇%

結論就是，將錢存在銀行戶頭裡，根本毫無意義。你應該馬上拿這筆存款還清負債。被負債綁架的生活，未來根本看不到希望。有辦法的話，你應該盡快擺脫這樣的生活。

當然也有人「身文分文，存款是零」。

這時候就從徹底檢視支出開始吧！

「我是否太常外食了？」

「我是否買太多衣服了？」

「我是不是還繼續在繳幾乎從未光顧過的健康中心會費？」

只要審視每日生活支出，應該能夠找出潛在的浪費原因。實行下個單元介紹的「金錢收支紀錄」，應該會有所助益。

重新審視支出狀況，多出來的錢全部拿來還債。

這時候絕對不能把多出來的錢存下來。如前所述，**趕快還清負債就是在存錢。**

如果你有多張信用卡，而且都有借貸關係，就採取「提前還款」措施，將剩下的欠款一次還清。還款期比當初預定縮短的話，相對的利息也會降低。

有多筆卡債時，先還利息較高的那一張，減少卡債張數。如果手上有一筆存款，也建議提前還款。

無法一次還清時，首先力求「負債單一化」。將債務統合成同一個債權，就可以清楚掌握欠款總額，還款計畫也會更簡單。

不過，有個前提務必遵守。已經陷入上述情況的人，將現有的信用卡全部停卡，過著付現購物的生活可能比較安全。

為了不被誤解，我想先聲明一下。動用循環利息只會讓感覺麻痺，但是信用卡本身並沒有錯。

只是，為了避免濫用信用卡，只要擁有一張信用卡就夠了。

儘量選擇免年費，回饋紅利點數高的信用卡。如此一來，就能享受購物或旅遊的折扣，可以幫你省下不少錢。水電費等公共費用支出全部使用一張卡扣款，這張卡的帳單等於是家計簿，方便收支管理。

如果一定要用信用卡，款項請一次付清或分兩次付清。這樣就不會被扣利息。

總之，趕快停止使用循環利息。即使在這一刻，你的欠款利息也不停地在增加。

刷卡前多想一秒鐘，你可以不用動到循環利息！

36 拿到收據不可以馬上丟掉

理財書都建議要記帳，
現在正在閱讀這本書的你應該也嘗試過吧。
但問題就是實行麻煩，無法持久。
其實，記帳可以不用那麼複雜。

收據是讓你瞭解金錢流向的「鐵證」

想存錢所以開始記錄家計簿……這個方法實在太老套了。第一，記錄收支這麼麻煩的事，有可能每天持之以恆嗎？

至少對我而言，絕對辦不到。

再好的習慣，無法持續就毫無意義。

不過，為了可以掌握每日的金錢流向，檢視是否有無謂的浪費，「財務紀錄」是必做的功課。

所以我推薦將收據貼在筆記本的方法。

去飯館用餐的收據、到便利商店買口香糖的收據、在UNIQLO買毛衣的收據、買亞曼尼西裝的收據等等。

這些收據不要丟，全部拿回家。可以的話，透過自動販賣機購買咖啡或香菸時，別忘了使用手機輸入購買金額，再傳至自己的信箱。

依照日期，將這些資料全部貼在A4大小的筆記本裡。

對了，什麼都不必多想，只要貼上去即可。這就是所謂的「財務紀錄」。

我就是「最佳證人」，透過這些收據讓我清楚掌握金錢的流向。

先嘗試一星期的財務紀錄。只要看了筆記本，你就能夠清楚知道錢是怎麼花的？有沒有浪費？

家計簿門檻太高了，我推薦的方法很簡單吧？

當我開始還錢的同時，也開始了財務記錄的工作。不論花多少錢，所有收據都貼在筆記本上。

然後，你的金錢觀將產生莫大改變。

即使購買六十八日圓的寶特瓶裝飲料，也要想想「我需要花這筆錢嗎？自己在家泡茶不是更便宜嗎？」，再決定是否要花這筆錢。

當你開始記錄金錢流向，就能夠客觀地看待自己。

然後，你的想法會有所改變。

當想法改變，就不再會浪費。

不會浪費，自然能存到錢。

為了改變想法，就從財務記錄開始吧！

翻開有錢人的皮夾，收據總是整理得整整齊齊。

37 仔細審視自己的保險內容

被問買了什麼保險卻答不出來，
更別說瞭解保險金在什麼狀況下給付。
吃飯點餐都要斤斤計較的你，買保險為何這麼隨興？

因為不單純的動機買了保險，結果後悔不已

你買了壽險嗎？
已經買了壽險的人當中，是否有許多人都是「在找到第一份工作時，聽了保險員的推銷，所以就買了壽險」？

我也是在找到第一份工作時就買了壽險。

而且，動機很不單純。向我推銷壽險的保險員是位美女，當時我別有居心，想說或許會有「與她交往的機會」。

為了贏得她的好感，我買了附高額死亡保險金的壽險。當時我才二十幾歲，又是單身，買這樣的壽險根本是浪費。

那麼，後來我跟這位女保險業務員進展如何呢？

世上的事當然不如想像中簡單。她不再跟我聯絡，只留下每個月高達五萬圓的保險費待繳。拿這筆錢還債的話，應該可以更早無債一身輕吧。

人家說「年輕氣盛」。人在年輕的時候，經常會做出荒唐的決定。

跟我買了同樣保險的人，一定要重新審視保單內容。相信你一定會察覺，你跟我當時一樣，買了不符現狀的保險。

在此說明一下重新檢視壽險的重點。

首先，拿出你的保單，確認保險類型。

壽險分為死亡才支付保險金的「死亡保險」，及保障生病時醫療費支出的「醫療保險（住院保險）」兩種。

有的保險商品是兩者涵蓋；不過通常兩者比重不同。你的壽險屬於哪一類型？

確認後，請再檢視以下事項。

「保險年齡範圍」和「保額」是多少？

也就是確認在投保期間，以及萬一發生事情可以領取多少保險金。同時也要瞭解，在繳費期滿時一共繳納了「多少」保險費。

確認完這些後，再檢視可領到的保額是否恰當。

選擇適合自己人生階段的保險方法

首先是死亡保險的保額。適當保額應是多少，會因每個家庭結構而有所不同。

如果你是單身，不購買死亡保險也無礙。不過，如果有個五百萬圓來支付喪葬費，這筆保額對遺族也是有所幫助。

相反的，如果你是家裡的經濟支柱，必須扶養家人（尤其是孩子）時，絕對需要死亡保險。

適當的保額可以用下列公式計算。

（年收入×3）＋（一千萬圓×孩子人數）－（存款額）＝死亡保險金

假設你的年收入是五百萬圓，有兩名小孩，存款額是五百萬圓，以下數字就是你的保額。

（五百萬圓×3）＋（一千萬圓×2）－五百萬圓＝三千萬圓

接著是醫療保險（住院保險），如果你現在二十幾歲，擁有一百萬圓存款，不買醫療保險也沒關係。因為當你生病或受傷時，這些存款就夠支出了。

人生當然難以預料。沒人知道自己何時會生病或受傷。

可是，在二、三十歲得重病的機率遠比中高年者低。就算生病也不至於死亡。

保險本來就是一種「避險」商品。用來迴避重病或重大傷害的風險。

不過為了支付保險費，也必須承擔投資金額減少的風險。

比較這兩項風險的話，至少在二、三十歲時，前者風險明顯低多了。**從年輕時就開始持續繳納「預防意外」的高額保費，等於買了一張永遠不會中獎的彩券。**

將這些錢拿去投資，增加自己的資產，這才是聰明的作法。

如果你沒有一定程度的存款，最好先買醫療保險。不過，一個月保費在二、三千圓左右的便宜「定期醫療險」就夠了。之前我是別有居心才買高額保單，不必跟我一樣。

重點在於，你所購買的保單必須從住院第一天開始就支付住院費。

最近因為政府削減醫療費支出，住院天數有縮短趨勢。如果是規定「住院天數未超過一週不支付住院費」的保單，絕對是無用保單。

你現在購買的壽險保單，是否真的適合呢？

不敢大聲說適合的人，即使麻煩也請馬上解約，購買其他保單。

不論死亡保險或醫療保險，我大力推薦「網路保險」。不僅保費低，也可以避免無謂的誘惑，更方便比較討論。

但是切記，一定要跟多家保險公司索取估價單，經過比較後再買。

購買前弄清楚保單內容，你買的保險才能真的有保障。

38 房子不是「最大資產」

有錢人也愛買房。

但他們會告訴你：存錢與買房的順序很重要。

過早背負沉重房貸的人，將無法累積真正的財富。

背負數千萬日圓「債務」的窘境

當你改正理財「習慣」，銀行戶頭的存款應該會一直增加。當戶頭數字多一個「零」時，你是否會有這樣的想法？

「是不是該用這些錢當頭期款買房子？最近房市好像有許多物美價廉的物件釋

出……」

可是，希望你先等一下。

「擁有自己的殼」是個甜蜜的口號陷阱。

如果你**想存到一輩子不必為錢所苦的存款，至少在現階段不該買房子。**

我當然也曾經動過買房子的念頭。

那時正值負債全部還清，資產開始慢慢增加的時候。

新落成的房子氣味有股獨特的魅力。雖然沒有當房東的壯志，一想到可以憑個人喜好裝潢房子，就讓人充滿鬥志。「這根柱子和這個地板全是我的財產！」這樣的感覺也不錯。

儘管我曾經大為心動，但最後還是停止了買房子的念頭。

因為我衷心希望能夠財富自由，而且也一直努力在實踐。如果背負了龐大房貸買下房子，不是又回到以前「負債累累」的生活。

想買房子，通常需要用到房貸。而且房貸的負債位數絕對和你之前的負債額度大不相同。那可是高達數千萬圓的負債。

沒有現金的話，租屋就夠了

「什麼？房子應該不是『負債』，是『資產』吧？」

如果你這麼想，那真是大錯特錯！

請你想一想。如果你買了房子，在你退休之前，必須從每個月的薪水扣除一定比例來還房貸才行。

還有，之前增加的資產全都因為拿來付頭期款而消失。一旦變成這樣，想再讓資產增加將會非常困難。

將房子視為資產，是終身雇用制時代理所當然的想法。當時只要認真工作，生活就不會有問題，所以很多人都認為「在退休前將房貸還清就可以了」。

在瞬息萬變、看不到未來的現在，房貸絕對是沉重的負擔。

想買房子的話，等存夠錢再用現金買也不遲。我就是這麼想，所以有一段時間都是租便宜的房子住。

三十五歲時，我用現金買了房子。

說到這裡，可能會有人生氣地說：「怎麼可能忍耐那麼久！」、「我現在就想買房子！」

即使背負龐大房貸也還是想買房子的話，那我也阻止不了。

但是請將房貸額控制在總價的三分之一。剩下的三分之二以現金付清。

如果你只有數百萬圓頭期款，還堅持買房子，將來一定會後悔。

在選房子時，考量到可能離婚或被裁員的環境因素，建議選擇「便於出租或賣出的物件」。

千萬不要買只有你認為有價值，但在別人眼中毫無價值的房子。

萬一買了這樣的房子，未來要出租或賣掉都不可能。結果，你的人生將因環境的變遷而出現阻礙。

如果買了人人都想入住的房子，未來找買家或租客都會比較容易。比方說，「離車站近」、「治安佳」、「附近有超市或學校」等條件，一定要選擇普遍受歡迎的物件。

雖然不想離婚，也不想被裁員，但世事難料，買房子前務必三思啊。

每個人都需要擁有一棟自己的房子，但不一定是現在。

39 薪水不要全部存在銀行

把薪水全都存進銀行，
就能夠保障未來無虞嗎。
如果你這麼認為，請思考這個問題：
依照目前的存錢方式，財富自由的那一天何時會到來？

光是儲蓄，還是無法讓財富自由

關於我「零存款」、「負債累累」時期的故事，已經介紹完畢。然而，或許你會有這樣的想法。

「田口的例子太偏激了。我雖然數目不多，但一直都有在存錢。」

確實也有人透過「員工儲蓄（這是企業主導的一種儲蓄方式，每個月自動從員工薪資扣款部分金額儲蓄，公司也會提撥相當金額存入員工戶頭。）」或「定期存款」聚沙成塔存錢。存款確實也會隨著年齡增長而變多。

對於這樣的你，我想請教一下。

你希望財富「自由」吧？

如果現在已經財富自由，應該就不會看這本書。你一定已經感受到**聚沙成塔存錢方式的瓶頸。**

你當然需要擁有一定額度的存款。

萬一被裁員沒了工作，或因生病、受傷住院，有存款確實比較放心。你的銀行戶頭至少要保有這樣的意外預備金。

可是，就算所有的錢都存在銀行，錢也不會變多。因為現在銀行的存款利息只有〇．一％。

員工存款或定期存款也一樣。希望這部分的存款數目逐漸變多，必須現在的公司營運順利，你也必須繼續待在這間公司。

你認為數十年後，現在的公司能夠依舊屹立不搖嗎？

你會一直待在那間公司到退休嗎？

基本上金錢很難「維持現況」。只有增加或減少兩項選擇而已。如果你只期待維持現況，可能會因為某件小事而造成損失。

刻苦存錢，無法讓你財富自由。

部分存款當成資產運用

現在的銀行存款利息幾近於零，光靠儲蓄無法增加財富。為了讓自己財富自由，必須努力尋求其他的致富管道。

因此，必須**將部分存款用在「資產運用」上**。

所謂資產運用，就是投資金融商品的意思。最具代表的是投資股票，也有投資信託、外幣存款、外匯投資等各種管道。

「投資，我沒有經驗耶！」

為了有這個困擾的讀者，在此針對投資前該辦理的手續，以及適合新手的投資方法做個簡單說明。

準備開始投資時，首先要到證券公司開戶。

這件事並不難，就跟到銀行開戶一樣。

你可以在證券公司櫃檯辦理開戶手續，但我建議到網路券商開戶。網戶券商的手續費較便宜，且程序更簡單。「莫內克斯證券」（Monex）或「SBI 證券」都是知名的網路券商。應該有蠻多人聽過這兩間公司。

透過電腦聯結至各網路券商的網站，依照上面指示的步驟完成開戶手續，大約一星期時間就能完成開戶。有的券商當天就可以完成。

開戶以後，除了日本的股票，也可以購買海外股、投資信託商品、外匯商品等各種金融商品。

開戶以後，就可以投資了。這時候你一定會猶豫：「該買哪種金融商品呢……」

建議新手購買穩定且適合長期持有的「投資信託」商品。從字面就可以猜到，也就是將財產委託他人幫你投資。

投資信託的優點是可以一個月一萬圓或五千圓的小額投資。門檻這麼低，當然適合新手。

投資信託基本上是分散投資，所以風險也會跟著降低。如果只買單支股票，萬一那間企業倒了，你的所有財產就會變成壁紙，毫無價值。而投資信託遇到這種情況的可能性極低。

如果在本書一一詳述金融商品的話，將會佔用所有篇幅。欲知詳情的人，請參考拙著《二十八歲零存款時的金錢觀》（中經出版），或參加研習會更深入瞭解金融商品。

投資金額少沒關係，**重點在於你要一邊實際投資，一邊學習。**

存錢的知識光學不用，也存不了錢。就從即使賠錢也能當成「學費」一笑置之的金額開始，嘗試投資看看吧。

如此一來，**你絕對能夠透過這些學費，換來用錢也買不到的寶貴投資經驗。**

有錢人之所以投資，是因為他們明白：通貨膨脹將吃掉你的存款。

結語

我在本書針對「存不了錢的壞習慣」做了剖析。

「啊！我就是這樣。」

「這不是在說我嗎！」

各位在翻閱本書時，應該會有這樣的反應吧。

不過，就算你哪個缺點被說中了，也不需要感到沮喪。

也希望你不要自暴自棄地說：「算了，我這輩子都存不了錢啦！」

只要察覺到自己在不知不覺間養成的壞習慣，並立刻跨出改進的第一步，你的一生將不再為錢所苦，絕對能夠存到錢。條件是，你必須很早就覺悟。

就如我在序中所言，想法改變了，自然「行為」也會跟著改變。行為改變，「習慣」會改變，日積月累以後，「未來」就改變了。

現在看完這本書，你的「想法」應該已經徹底改變。

接著只要「起而行」，改變「習慣」，抓住你嚮往的「未來」即可。

如果你因為疏忽，又恢復原來的壞習慣，請翻開本書提醒自己改進。在財富自由的那一天到來之前，希望可以將本書放在身邊，一再翻閱。

「光憑這些小習慣，哪有可能存到錢！」

這麼說的傻瓜，一輩子都存不到錢。

我不記得是哪位相聲大師說的，「一步一腳印」，不願當傻瓜，肯腳踏實地努力不懈的人，絕對能夠達成目標。

衷心期望閱讀本書的讀者能夠早日財富自由，「掌握自己人生的那一天」早日到來。

最後我想藉此機會向協助本書出版的每個人致謝。

在我負債累累時就不斷給予支持援助的工作夥伴中野真理小姐、在撰稿時給予許多協助的和田秀子小姐、系井浩先生、Maganzine House 的平城好誠先生、所有的編輯同仁、以及訂閱我出版的電子報，來聽演講的每位朋友，因為有你們，我才能順利出版此書。

愈接近本書結尾，愈感惶恐，但我真的誠心想向各位說聲「謝謝」。

還有，購買本書，並閱讀到最後一頁的你，我也誠心致上感謝之意。真心期待能聽到你傳來的好消息——「因為這本書，改變了我的人生。」

高寶書版集團
gobooks.com.tw

RI 332
理財零基礎，靠39個金錢思維打造富腦袋，加速財務自由
お金が貯まらない人の悪い習慣39
（原書名：沒亂花錢為何還是存不到錢？窮忙族都沒發現的39個壞習慣）

作　　者　田口智隆
譯　　者　黃瓊仙
責任編輯　吳珮旻
封面設計　黃馨儀
排　　版　李夙芳
企　　劃　鍾惠鈞

發 行 人　朱凱蕾
出　　版　英屬維京群島商高寶國際有限公司台灣分公司
　　　　　Global Group Holdings, Ltd.
地　　址　台北市內湖區洲子街88號3樓
網　　址　gobooks.com.tw
電　　話　（02）27992788
電　　郵　readers@gobooks.com.tw（讀者服務部）
　　　　　pr@gobooks.com.tw（公關諮詢部）
傳　　真　出版部（02）27990909　行銷部（02）27993088
郵政劃撥　19394552
戶　　名　英屬維京群島商高寶國際有限公司台灣分公司
發　　行　英屬維京群島商高寶國際有限公司台灣分公司
初版日期　2019年06月

Okane ga Tamaranai Hito no Warui Shukan 39

Original Japanese edition published in 2010 by MAGAZINE HOUSE Co., Ltd.
Chinese translation rights in complex characters arranged with MAGAZINE HOUSE Co., Ltd.
through Japan UNI Agency, Inc., Tokyo

國家圖書館出版品預行編目（CIP）資料

理財零基礎，靠39個金錢思維打造富腦袋，加速財務自由 /
田口智隆著；黃瓊仙譯. -- 初版. -- 臺北市：高寶國際出版：
高寶國際發行，2019.06
　面；　公分. --（致富館；RI 332）

ISBN 978-986-361-642-9（平裝）

1. 品牌行銷

496　　108000797